Ana Bolena

La reina consorte por la que Enrique VIII
rompió con el Vaticano y creó su propia iglesia

Colección
Reinas y Cortesanas

Cordelia Callás

Ana Bolena

La reina consorte por la que Enrique VIII
rompió con el Vaticano y creó su propia iglesia

Colección
Reinas y Cortesanas

 L.D. Books

México ◆ Miami ◆ Buenos Aires

Ana Bolena
© Cordelia Callás, 2010

 **L.D. Books**

D. R. © Editorial Lectorum, S. A. de C. V., 2010
Centeno 79-A, col. Granjas Esmeralda
C. P. 09810, México, D. F.
Tel. 55 81 32 02
www.lectorum.com.mx
ventas@lectorum.com.mx

L. D. Books, Inc.
Miami, Florida
sales@ldbooks.com

Lectorum, S. A.
Buenos Aires, Argentina
ventas@lectorum-ugerman.com.ar

Primera edición: agosto de 2010
ISBN: 978-607-457-135-6

D. R. © Portada: Victoria Burghi

Impreso y encuadernado en México.
Printed and bound in Mexico.

Introducción

*U*na mañana especialmente fría del invierno de 1864, un guardia de la Torre de Londres fue encontrado tendido en el piso de una de las celdas. Acusado de haberse quedado dormido, el pobre infeliz balbuceaba una historia increíble mientras lo arrastraban fuera, para llevarlo ante un tribunal militar que juzgara su falta.

Con el rostro desencajado, el hombre repitió una vez más la historia, ahora frente a los jueces. Dijo que, apenas despuntado el alba, vio avanzar hacia él, envuelta en bruma, a una mujer sin cabeza vestida de blanco. Le había dado la orden de que se detuviera, pero ante la desobediencia de la figura, cargó sobre ella y le clavó su bayoneta en medio del pecho. Pero al hacerlo, recibió un violento golpe que lo dejó sin sentido.

Convencidos de que el guardia mentía, los jueces se dispusieron a declararlo culpable, pero cuatro testimonios posteriores cambiaron el curso de la historia. En efecto, un oficial y tres soldados que completaban la guardia de la Torre ese mismo día atestiguaron haber visto ellos también al fantasma blanco en el dintel de la ventana de la celda en la que Ana Bolena (Anne Boleyn, en inglés), mucho tiempo atrás, había pasado su última noche.

La tarde en que el tribunal militar decidió liberar al guardia por considerarlo inocente, se cumplían exactamente 351 años del día en que, en una mansión de Norfolk, llegaba al mundo la hija menor de Sir Thomas Bolena e Isabel Howard.

Ana, que así bautizaron a la pequeña, había nacido con dos características que la llevarían a la Gloria y al Infierno. Por un lado, y a diferencia de la mayoría de las inglesas, la pequeña Bolena tenía la piel aceitunada, el cabello negro y un par de ojos tan oscuros como relampagueantes; lejos del modelo de belleza clásico de su tiempo, la niña se transformaría en una mujer subyugante y misteriosa.

La segunda particularidad era la de poseer una astucia poco frecuente, condición que con el tiempo haría de ella una mujer calculadora, fría y desafiante.

Hacia el año en el que la hija menor de los Bolena vio la luz, Enrique Tudor era un joven príncipe de 10 años, sin aspiraciones al trono. Pero su hermano mayor, Arturo, legítimo heredero, murió de una infección al año siguiente, en 1502, dejando viuda a Catalina de Aragón y el camino hacia la Corona libre para el saludable Enrique.

Aquéllos eran años en los que Inglaterra aumentaba su poder, guiada por la mano de hierro de Enrique VII, el primer Tudor en alcanzar la Corona británica. Una sabia política exterior había sido determinante para el desarrollo del Reino, y allí el hábil diplomático Thomas Bolena tenía méritos varios para adjudicarse.

Aunque arribista y carente de escrúpulos, Thomas era un diplomático fino y carismático. Dominaba casi a la perfección varios idiomas y contaba con amistades influyentes en el tablero político europeo; entre ellas, Margarita de Austria, hija de Maximiliano I, emperador del Sacro Imperio Romano Germánico.

Bolena aspiraba a darles a sus hijos una formación refinada, y para ello no desperdiciaba sus valiosos contactos. De los dos hermanos de Ana, María se convirtió en dama de honor de María Tudor y viajó con ella a París, cuando la princesa se trasladó a la tierra de quien habría de ser su esposo, el rey Luis XII de Francia. El otro hermano, Jorge, entretanto, fue uno de los privilegiados jóvenes a los que albergó la prestigiosa Universidad de Oxford.

Para Ana, Thomas reservaba el favor de su amiga Margarita de Austria quien, efectivamente, transformó a la *Petite Boleyn*, como ella la llamaba, en una de sus damas de honor, cuando la pequeña Bolena cumplió los 12 años que exigía el protocolo.

Por entonces, Margarita gobernaba los Países Bajos en representación de su padre Maximiliano, y Ana pudo ver de cerca la forma de conducirse de una Reina dentro de la corte, tanto como los oscuros pliegues del poder monárquico.

Estuvo allí menos de un año, pero aquéllos fueron meses fructíferos para la pequeña Ana. Protegida y consentida por la regenta de los Países Bajos, Bolena aprendió a hablar francés, a exhibir los más finos modales y a hacer su voluntad la mayoría de las veces. También se volvió caprichosa y algo intolerante.

Sin embargo, no era aquella fría región gobernada por Margarita el lugar elegido por Thomas Bolena para que su hija se educara. Así, la *Petite Boleyn* acabó dejando a su protectora y partió hacia París. Allí tenía reservado un lugar como dama de honor de Claudia, la reina de Francia.

París fue para Ana mucho más que la ciudad en la que perfeccionó su francés y estudió historia y cultura francesas. La Reina le había asignado el rol de intérprete cada vez que algún importante noble inglés visitaba la corte, y desde ese sitio privilegiado Ana comenzó a conocer a fondo, por ejemplo, las fuertes disputas que se libraban en el seno de la Iglesia Católica.

Francia no era ajena a la polémica que había desatado Martin Lutero en torno de las indulgencias papales, y las *95 tesis* por él redactadas habían sido traducidas al francés en los últimos días de 1517.

Ana tenía a la sazón 16 años, y la prédica de los reformistas la ganó para su causa. Por entonces, era también una de las damiselas de la corte más perseguida por los galanes. Relata la historiadora Retha Warnicke:

"El encanto de Ana estaba no tanto en su aspecto físico como en su viva personalidad, su elegancia, su agudo ingenio y otras habilidades. Era baja y ostentaba una sugestiva fragilidad [...] destacó en el canto, componiendo música, bailando y conversando [...] No era sorprendente, por tanto, que los jóvenes de la corte pulularan a su alrededor".

Pero en sus años parisinos, Ana Bolena no sólo se dedicó a estudiar, traducir y leer a los reformistas; también se convirtió en un ícono de la moda de su tiempo, arrebatándole dicho privilegio a las damas francesas. Sugestiva, bellamente ataviada y favorecida por el cariño que le profesaba la Reina, la *Petite Boleyn* no se privó de cuanto juego amoroso le apeteciera. Su poderoso atractivo parecía un arma infalible. Según Karen Lindsey:

"Nunca se la describió como una gran belleza, pero hasta aquellos que la aborrecían admitían que tenía un encanto exacerbado. El cutis oscuro y el pelo negro le daban un aura exótica en una cultura que veía la palidez blanca como la leche como parte imprescindible de la belleza. Tenía unos ojos especialmente notables..."

Lo cierto es que hasta el propio Francisco I, convertido en un joven rey de 20 años en 1515, posó sus ojos en la muchacha del "encanto exacerbado", pese a haber sido amante de María Bolena, su hermana.

Este proceder promiscuo no era extraño en él. Francisco pasaría a la historia como uno de los monarcas más libertinos de Francia.

Las crónicas de la época dicen poco al respecto, pero es muy probable que Ana efectivamente haya rechazado los galanteos del monarca. La *Petite Boleyn* había aprendido pronto y bien cuáles eran las consecuencias de transformarse en la amante de un rey. Se podía compartir el lecho con cualquier cortesano sin perder la reputación, eso no era difícil, pero entrar a la alcoba real sin salir definitivamente despojada resultaba casi imposible. Su propia hermana sería un cruel ejemplo del destino que les aguardaba a las amantes reales. Pero ella, Ana, logró dar un oportuno salto al costado. Otro destino más noble y célebre la aguardaba del otro lado del Canal.

Ésta es la historia de una de las reinas más influyentes de Inglaterra, tanto en el aspecto mundano como en el religioso. Ana pasaría a la historia como la Reina decapitada, la mártir de la Iglesia Protestante, la mujer de belleza particular que haría perder, figuradamente, la cabeza de un influyente monarca, y que perdería la suya, literalmente, acusada de adulterio, incesto y traición. Es la historia de aquel fantasma que rondaba la Torre de Londres, y que tal vez aún hoy vague clamando por su inocencia.

Capítulo I
Un lecho siempre tibio

*E*n el invierno de 1521, Thomas Bolena consideró que la educación que pretendía para Ana, en París, había concluido. Su pequeña se había convertido ya en una joven mujer, muy atractiva por añadidura, y el diplomático no ignoraba cuáles podían ser las posibles consecuencias de que permaneciera en la corte francesa. Ordenó entonces el regreso, y en el verano de 1522, Ana partió de Calais con destino a Londres.

Aquel año, Enrique VIII, casado con Catalina de Aragón y sin hijos varones vivos en su haber (todos habían muerto jóvenes), comenzaba a transitar un camino que ya no tendría retorno. Políticamente, la derrota de los ejércitos franceses en Pavia a manos de las tropas imperiales dejaba a Carlos I de España como el monarca más poderoso de Europa, revirtiendo la antigua superioridad británica.

Desde lo personal, Enrique debió admitir que, al menos con Catalina de Aragón, no tendría a un heredero varón como reclamaba su pueblo, con lo que la dinastía Tudor estaba condenada a desaparecer apenas dos generaciones después de haber alcanzado el trono británico.

Catalina había tenido siete embarazos y sólo una niña logró sobrevivir, María. El último parto fallido había acarreado la dura sentencia de los médicos de la corte: la Reina ya no podría tener más hijos.

Enrique no olvidaba que su llegada al trono de Inglaterra había sido la primera que se producía en forma pacífica después de muchos años de sucesiones sangrientas. No podía sucederlo una mujer, según creía él, porque no sería aceptada.

Con 30 años de edad recién cumplidos, la fuerza de un toro salvaje y el cuerpo de un gigante, el Rey había contado siempre con la "discreción" de su esposa, seis años mayor que él, para saltar de cama en cama, de una concubina a la otra.

Catalina amaba al Rey, si bien había debido casarse con él por razones políticas tras la muerte de Arturo (mantener la alianza entre España e Inglaterra). Y a pesar de no tener un heredero varón, la Reina gozaba de popularidad.

La bula papal, concedida a toda prisa por Julio II –que había sido sometido a presión por Isabel la Católica, madre de la muchacha–, había dejado sentado que el matrimonio entre Arturo y Catalina jamás se había consumado. Pero Enrique dudaba de que eso fuese cierto. No le faltaban razones. Era improbable que dos adolescentes de 15 y 16 años, durmiendo juntos durante cinco meses, sólo se hubieran dado el beso de las buenas noches.

Sin embargo, al Rey esa duda jamás lo había desvelado. Su esposa se sometía obedientemente a cada uno de sus deseos y, además, el pueblo inglés le manifestaba su amor.

Pacientemente, la Reina aceptó que durante cinco largos años Isabel Blount, o *Bessie*, dama de honor de Catalina, entrara a la alcoba de su esposo varias noches a la semana y que, en 1519, diera a luz al primer hijo varón de Enrique, Henry Fitzroy.

En 1522, cuando la rubia *Bessie* fue obligada a casarse con Gilbert Tailboys, barón de Talboys de Kyme, porque el Rey ya no la quería a su lado, el monarca comenzó a posar sus ojos en otra muchacha que un año más tarde le calentaría las sábanas y le daría su segundo hijo varón: esa joven era María Bolena, la hermana de Ana.

Expulsión y bienvenida

Para la mayor de las hijas de Thomas, las alcobas reales no eran una novedad. Ya había conocido el lecho de Francisco I durante sus años en Francia, y mantenido con él un vínculo secreto, pero turbulento.

En aquel París marcado por el influjo de pensadores renacentistas, artistas extravagantes, reformistas religiosos y libertinos de toda laya, María se había lanzado a dar rienda suelta a su fogosidad amatoria. Ni siquiera su condición de amante del Rey había serenado su espíritu.

Se dice que tras la ruptura del romance, Francisco la definió como "una gran puta, la más infame de todas" (así lo consignó Eric Ives), el rey hablaba desde el resentimiento que le provocaba el enterarse de que ni siquiera a él María le había sido fiel.

Expulsada de Francia, María regresó a Inglaterra en 1519. Poco después, merced a las gestiones de Thomas, se incorporó a la corte británica, también ella como dama de honor de la Reina. Tuvo, eso sí, un decoroso matrimonio.

William Carey era un adinerado cortesano. Poco después del regreso a Inglaterra de la mayor de las Bolena ganó, si no su corazón, al menos el consentimiento para casarse con ella. Así, en menos de un año, María había recuperado su posición al servicio de una Reina y se disponía a casarse con uno de los caballeros de la Cámara Real y favorito de Enrique VIII.

La hábil mano de Thomas Bolena pulsaba las cuerdas más convenientes para que su prestigio y su fortuna treparan cada vez más alto.

Es difícil saber si Enrique se enamoró de María ya en ocasión del casamiento de la muchacha con Carey o si fue meses después, cuando Bolena debió asistirlo mientras él se recuperaba de una herida en la pierna. Lo cierto es que, hacia finales de 1522, el Rey había decidido tomarla como amante.

Ni para sir William Carey ni por supuesto tampoco para la familia Bolena la noticia de que el Rey cortejaba a María fue una mala nueva. Por el contrario, el voluble corazón de Enrique prometía ascenso social y riquezas para todos los involucrados. Carey, al igual que Thomas, era un hombre práctico y ambicioso; ya encontraría otra fémina que calentase su cama.

Una vergüenza útil

Enrique VIII era, cuando menos, un rey "práctico". Su política exterior se movía al ritmo de los distintos escenarios que presentaba el siempre inquieto tablero político de Europa, y sus convicciones variaban al influjo de sus necesidades coyunturales.

Al promediar 1523, cuando ya María Bolena retozaba entre las sábanas reales y Catalina comenzaba su larga marcha al ostracismo, Enrique pergeñaba divorciarse de la Reina y contraer matrimonio con alguna mujer que pudiese darle, al fin, un heredero varón. Desde luego, el vientre a elegir dependía además de los beneficios políticos que la futura consorte trajera bajo el brazo.

Sin embargo, dos años antes de que Enrique comenzase con lo que se conoció como la Causa Real es decir, el intento de divorcio de Catalina, la hermana de Enrique, Margarita Tudor, que había quedado viuda de Jaime IV, rey de Escocia, y se había vuelto a casar con Archibald Douglas, intentaba disolver su matrimonio con el joven Archibald para contraer enlace con su nuevo aliado político y amante, Juan Estuardo, duque de Albany.

Cuando Enrique se enteró de que Estuardo había utilizado su influencia para que el papa Clemente VII anulara el matrimonio de Margarita con Douglas, se llenó de furia. En su carácter de Defensor de la Fe cristiana, le envió varias cartas a su hermana recordándole que la unión con el joven Archibald había sido decisión de Dios y que la dispensa papal era una verdadera vergüenza.

Margarita ignoró por completo los encendidos reclamos de su hermano, se casó con Juan Estuardo y tres años después, en 1524, cuando ya Enrique estaba en franca batalla para conseguir la misma "verdadera vergüenza" de parte de Clemente, ella se convertía en la amante de Enrique Estuardo, primo lejano de su primer marido. Años más tarde, Enrique Estuardo sería el tercer esposo de la apasionada Margarita Tudor.

Litigios y amores

Como dijimos, el rey Enrique era un pragmático. Rodeado de funcionarios que no sólo debían serle incondicionales, sino también demostrar una astucia política similar a la suya, confiaba especialmente en el cardenal Thomas Wolsey, un clérigo astuto y ambicioso que, hasta que la Cuestión Real apareció en escena, manejaba los asuntos de Estado casi a su antojo y placer. Dijo de él Evelyn Anthony:

"Wolsey estaba dotado de un genio especial para la política [...] y durante los últimos doce años era mucho lo que había enseñado a su joven señor".

Diplomático de fuste, al purpurado consejero de Enrique le preocupaba sobremanera la acumulación de poder que paulatinamente iba logrando Carlos I. Para contrarrestarlo, Wolsey aspiraba a una pronta alianza política con Francia, enemiga visceral de España, y para ello procuraba convencer a Enrique de que, disuelto su matrimonio, contrajera nupcias con la princesa gala Renata, hermana de la Reina y que por entonces tenía 12 años de edad.

No era una oferta del todo apetitosa para el Rey, pero mientras tuviera al alcance de la mano a María Bolena podía pensar en la política como en un reino independientemente de la cama.

María, por su parte, no aspiraba a mucho más que cumplir con su rol de concubina real. Sin embargo, cuando la obsesión de Enrique por un hijo varón comenzó a crecer, la mayor de las Bolena creyó que, acaso, un destino mejor podía estar esperándola.

Y si en un principio los arrebatos realmente amorosos de Enrique desconcertaron a María, luego la fuerte presión de Thomas, su padre, y del duque de Norfolk, su tío, la convencieron de que debía aceptar sin remilgos las efusiones sentimentales del Rey.

Y acaso sin quererlo, María se enamoró de Enrique.

Un año después de que la muchacha se transformara en la amante del Rey de Inglaterra, Ana Bolena ingresó a la corte como dama de la Reina. Como en París, muy pronto la *Petite Boleyn* se transformó en una de las mujeres mejor vestidas que transitaban los salones del castillo de Greenwich.

Aquellos eran tiempos en los que Ana era cortejada por Henry Percy, hijo del poderoso conde de Northumberland. El joven lord, de 20 años de edad, había sido educado en la casa del cardenal Wolsey, por lo que contaba con una excelente cultura que, sumada a su figura esbelta y su temperamento alegre, lo convertía en un apetecible bocado para muchas damas de la corte. Miembro de una familia adinerada que mantenía estrechos vínculos con Catalina de Aragón, el joven Henry había conocido a la pequeña Bolena una noche, precisamente, en una reunión en casa de la Reina. Y ambos se enamoraron casi inmediatamente.

Sin embargo, semejante unión tenía por delante un futuro aciago.

Lord Henry Percy era el heredero del título y la inmensa fortuna de su padre; su destino era ocupar un rol prominente en el seno de la corte. Ana, en cambio, era apenas la tercera hija de una familia con linaje dudoso.

Ninguno de los enamorados ignoraba las dificultades que tendrían para unirse en matrimonio. Por eso, en aquellos meses, se amaban en secreto y se prometieron, por medio de un precontrato matrimonial, seguir juntos para toda la vida.

En la corte se sabía que seis años antes, el joven Percy había estado a punto de comprometerse con la hija del conde de Shrewsbury, Lady Mary Talbot, pero que por alguna razón el compromiso no había llegado a buen puerto. Se decía que ya a los 14 años, Henry se mostraba firmemente decidido a tomar por esposa a una mujer que lo enamorara, y ésa había sido la razón por la cual el acuerdo se había derrumbado.

Por otra parte, el destino matrimonial que Enrique VIII tenía decidido para la hija menor de los Bolena era lord James Butler, miembro de una noble familia irlandesa que, sin embargo, no tenía el lustre de la del conde de Northumberland.

Pero había algo más. Desde hacía meses, los Butler llevaban adelante un litigio contra los Bolena por la titularidad de ciertas propiedades en manos de Thomas, que los irlandeses reclamaban como propias. La controversia colocaba al Rey, que debía laudar en ella, en una situación por demás incómoda. Fallar en contra de los Butler podía propiciar una disputa con los irlandeses, siempre dados a ensayar revueltas. Hacerlo en contra de los Bolena era perjudicar a la familia de su amante.

Optó, entonces, por la salomónica decisión de unir intereses familiares a partir del matrimonio de James y Ana.

Por entonces, todo casamiento debía ser autorizado por el Rey y, más aún, era el propio monarca quien determinaba por anticipado las convenientes uniones.

Y si Enrique había sido capaz de tolerar la "impertinencia" del joven Percy, difícilmente se mostrase tan condescendiente con la *Petite Boleyn*.

Claro que, hasta entonces, el monarca jamás había visto a Ana.

Un romance trunco

Envuelta en un romance que le encendía la mirada, ataviada a la última moda, con su piel no lechosa y sus ojos negros, que la diferenciaban de todas las mujeres que la rodeaban, el día del baile de disfraces que se celebró en el salón mayor del castillo de Greenwich en marzo de aquel 1522, Ana Bolena, junto a María, su hermana, y a María Tudor, la hermana menor del Rey, desplegó una complicada y sugestiva danza que dejó a todos los presentes boquiabiertos. Era una suerte de mascarada llamada *Chateau Vert*.

Ése fue el momento en el que Enrique Tudor vio por primera vez a la menor de las Bolena. Su romance con María transitaba aún tiempos de novedad y pasión, pero el Rey no pudo sustraerse, al menos por un instante, al hechizo que le provocaba aquella joven.

Wolsey, que conocía al monarca como a la palma de su mano, inmediatamente advirtió el interés del Rey por la muchacha que danzaba con la levedad de una pluma. Pero al cardenal tampoco se le escapó, y lo confirmaría a lo largo de la noche, el arrobamiento con el que la observaba el joven Percy. Algo no estaba en su sitio.

Efectivamente, al concluir la velada, Enrique convocó al consejero a su habitación. Al rey no le había pasado inadvertido el flirteo y quería saber si el cardenal estaba al tanto de tamaña desobediencia a sus decisiones.

Ante la negativa de Wolsey, Enrique ordenó que se expulsara de la corte a la *Petite Boleyn* y se le aplicara algún tipo de sanción al hijo del conde de Northumberland.

No eran los celos los que movían al monarca, al menos en aquel momento. Enrique no toleraba discrepancias en su corte y aquella exhibición de Ana y Henry frente a sus narices lo había enfurecido.

Para la joven pareja, la orden real fue como un mazazo. El conde de Northumberland le negó a su heredero la autorización para que siguiese viendo a la muchacha de los ojos negros, y Thomas Bolena abofeteó a su hija por la incómoda situación en la que lo había dejado frente al Rey. Además, suponía que Ana y Percy ya eran amantes. Apunta Evelyn Anthony:

"Pero Ana no había sido la amante de Percy. Ésa era la ironía que le pesaba como plomo en el fondo de la desdicha [...] el vástago de la poderosa casa Northumberland había balbuceado su amor y su deseo de casarse con ella antes de que le pidiera besar sus labios (...) Ana lo había amado por esa razón y no por la elevada posición que Percy le había ofrecido".

En efecto, Ana quería casarse con el joven Henry y difícilmente se le hubiera entregado sexualmente. Sabía que tal cosa habría significado el final del compromiso y, acaso, la partida de defunción para cualquier aspiración matrimonial posterior.

El poeta oportuno

Pero no era la virginidad en sí misma la que determinaba la suerte de una mujer en aquellos tiempos, sino a quién le había sido entregada.

Por eso, no fueron tantos los pruritos de la *Petite Boleyn* con su querido amigo, el poeta Thomas Wyatt. Con él, durante varias noches de verano, había apagado sus deseos en una de las habitaciones del castillo de Hever.

Wyatt era el hermano de una amiga de la infancia de Ana, Margaret, y aunque estaba al servicio de Enrique VIII desde 1516, cumpliendo distintas funciones diplomáticas, carecía de cualquier mérito para transformarse en un noble prominente.

Delicado poeta y agudo pensador, el joven que transitaba los pasillos de Greenwich con su espesa barba roja y su sombrero de ala ancha reclinado sobre la ceja izquierda no implicaba riesgo alguno para la reputación de Ana.

Se habían conocido el mismo año en que ella regresó de París y muy pronto se encendió la pasión entre ambos. Wyatt representaba casi todo aquello que Ana había admirado en Francia. Tenía una vastísima cultura general, dominaba varios idiomas y podía comprender los pliegues más profundos de la política. Pero antes que nada, era un refinado amante.

Su amigo, el poeta Lord Henry Howard, conde de Surrey, lo describió con símiles arbóreos:

"... una cara de simetría perfecta, ojos brillantes, una boca de singular dulzura y un porte en el que se distinguían a partes iguales la dignidad del roble y la gracia del sauce".

Dejaron de verse cuando el Rey, sospechando que Thomas era algo más que un buen amigo de la *Petite Boleyn*, lo envió en misión diplomática a Italia.

Años más tarde, la vida los volvería a juntar en una situación macabra. Thomas ocupaba una de las celdas de la Torre de Londres, mientras Ana, en otra, aguardaba el momento de su decapitación. El poeta había sido acusado de ser uno de los amantes de la Reina, y sólo su vieja amistad con Thomas Cromwell le permitió salvar la cabeza.

La mañana del 19 de mayo en que Ana subió al patíbulo, Wyatt observaba la escena desde la ventana de su celda. Atribulado y con el corazón deshecho, escribió un largo poema que pasaría a ser uno de los más conmovedores epitafios para la pequeña Bolena.

Decía en algunos de sus versos:

Estos días sangrientos me han destrozado el corazón.
Mis ansias, mi juventud y el deseo de fortuna se han marchado.

Quien se apresura a encumbrarse sólo halla la caída.
En verdad, resuena el trueno en el reino.

La campana de la torre me dejó una visión.
Que se clava en mi mente día y noche.
Allí aprendí, a través de una reja.
Que a pesar de todo el favor, el poder o la gloria.
Aún resuena el trueno en el reino.

Capítulo II
La hermanita menor

*E*l romance entre María Bolena y Enrique VIII duró cuatro años. Hacia finales de 1526, el Rey ya había decidido cambiar de concubina y María, embarazada, abandonó el castillo real.

Pero varios acontecimientos se sucedieron durante ese lapso, en el que el monarca y la mayor de las Bolena disfrutaron días de vino y gloria.

A finales de 1524, Jorge Bolena contrajo enlace con Lady Jane Parker, hija de Henry Parker, barón de Morley, un acaudalado intelectual que había servido a la abuela de Enrique en tiempos en que Parker era aún un destacado estudiante de la Universidad de Oxford.

Jane, una bella muchacha de ojos verdes y rasgos felinos, había nacido en el seno de una familia adinerada y prestigiosa, y crecido rodeada de criadas e institutrices. Sin embargo, sus saberes no superaban los esperables en una dama de entonces: conducir una casa, coser y bordar. Su hija no necesitaba más, habrá pensado Sir Parker, ya que con apenas 12 años de edad, la niña ingresó a la corte como dama de honor de Catalina de Aragón.

El destino, que le reservaba un papel protagónico en la vida de Ana Bolena, quiso que ambas se conocieran en marzo de 1522, cuando la *Petite Boleyn* impresionó a la corte con su danza. Jane era otra de las muchachas que integraba el grupo de bailarinas del *Chateau Vert*, aquel espectáculo que había organizado el mismo cardenal Wolsey en el palacio.

Entre nupcias y nacimientos

El matrimonio entre el primogénito de los Bolena y la bella Jane tenía pocos condimentos amorosos. Jorge era a la sazón un libertino que, aprovechando el enorme ascenso social que le redituara a su familia el romance de su hermana María con el Rey, saltaba de cama en cama sin preocuparse demasiado si era hombre o mujer quien se movía entre las sábanas.

Jane, por su parte, aspiraba a tener un marido formal y atento a las necesidades de su esposa y su hogar, perfil que el hermano de María no reunía en lo absoluto.

El enlace había llegado de la mano de intereses políticos y económicos. Para los Parker, vincularse familiarmente con los Bolena representaba un enorme salto patrimonial; para los Bolena, la unión aportaba el lustre de contar con un intelectual de la talla de Sir Parker en la familia. No era menos importante, por supuesto, el deseo del propio Rey de que ambos jóvenes se uniesen en matrimonio.

Desde 1520, cuando la hermosa Jane integrara la comitiva real que visitó Francia a propósito del encuentro entre Enrique y Francisco, Catalina había forjado un vínculo entrañable con la damita de ojos verdes y rasgos felinos. Nada mejor, entonces, que unirla en matrimonio con el hijo de uno de los hombres más cercanos al Rey.

Para sellar el enlace como correspondía, el monarca les regaló a los novios la casa de Grimston, en Norfolk.

También en 1524 hubo otro acontecimiento que mantuvo en vilo a los Bolena durante nueve meses: María había quedado embarazada del Rey. La noticia conmovió a la corte y tanto Thomas como el duque de Norfolk comenzaron a evaluar los réditos políticos que aquel embarazo podía proporcionar, siempre que la criatura fuera un varón.

Ambos nobles descartaban de plano la posibilidad de que Enrique pensase en un probable matrimonio con María, pero el Rey nunca dejaba librado a su suerte a un bastardo suyo.

Sin embargo, cuando cerca de fin de año nació Catalina, todas las especulaciones se derrumbaron. La desazón del Rey resultó evidente, y su entusiasmo por María comenzó a decrecer, pese a lo cual, a mediados del siguiente año, la mayor de las Bolena estaba encinta nuevamente.

En marzo de 1526, cuando el pequeño Enrique llegó al mundo, el vínculo entre el monarca y la madre del niño había terminado. Sólo el enorme parecido de Enrique con el Rey quedaba como testimonio de aquel romance.

De cabalgata

Algunos meses antes del nacimiento del pequeño Enrique Carey, el Rey y su comitiva de caballeros partieron una mañana con rumbo a la campiña de Kent. Agobiado por el pantanal en el que se había sumergido su intento de anular el matrimonio con Catalina, el monarca decidió aquel día abandonar el castillo y lanzarse a una larga cabalgata para poder pensar con serenidad. Deportista como era y avezado jinete, Enrique solía acudir a este tipo de excursiones cuando necesitaba aclarar su mente.

El destino de la comitiva real era el castillo de Hever, residencia de Thomas Bolena, ahora vizconde de Rochford.

En los últimos días, el rey de Inglaterra no había recibido más que malas noticias respecto de su principal aspiración: deshacerse "legalmente" de la Reina. El papa no parecía interesado en conceder la anulación matrimonial que había ido a solicitarle Wolsey, y tampoco su amigo y consejero, Tomás Moro, compartía su anhelo divorcista. No lo decía con todas las letras, pero Enrique conocía demasiado bien a Moro como para poder escrutar su mente sin necesidad de que emitiese palabra. El Rey sabía de la lealtad incondicional de su antiguo maestro hacia él, pero no ignoraba que si la situación se tensaba al extremo de tener que confrontar con el papa, Moro se inclinaría por el sucesor de Pedro. Antes que abogado, político y poeta, Moro era un católico a ultranza y un teólogo tradicional. Dice de él Peter Berglar:

"Tomás Moro delimitó para él mismo ese ámbito de libertad personal de forma muy modesta: motivos religiosos, más claramente, su fe le impedía asentir al divorcio y a las segundas nupcias de Enrique y a la segregación de la Inglaterra cristiana de la Iglesia Romana Universal y del Papa. Su conciencia le prohibía actuar en contra de su fe...".

Mientras galopaba, Enrique procuraba desentrañar la actitud de Clemente VII respecto de la anulación matrimonial, y no podía llegar a ninguna otra conclusión que la de aceptar que la táctica que estaba adoptando el Papa era dilatar las cosas, ganar tiempo. Esperaba saber, en definitiva y con precisión, si Carlos I acabaría volcando la balanza del poder europeo a su favor. El Emperador era sobrino de Catalina de Aragón y, obviamente, se oponía a la dispensa papal.

Enrique cabalgaba a la cabeza de la comitiva cuando los imponentes muros del castillo de Hever se recortaron en el horizonte. El Rey tenía planeado regresar a Londres antes del anochecer, pero las circunstancias con las que se encontró dirían lo contrario.

Una perla inesperada

No era la primera vez que Enrique VIII visitaba la campiña de Kent y la residencia de los Bolena. Se sentía a gusto con Thomas y su esposa, porque ambos tenían el tipo de personalidad que más le gustaba al Rey: eran sumisos y obsecuentes. Ya tenía él a Wolsey y a Moro en Greenwich para escuchar opiniones discordantes.

Hasta ese día, cada visita a Hever había transitado entre la calma y el posterior aburrimiento, por eso el rey pensaba emprender el regreso antes de que cayera la noche. Pero aquella vez todo fue distinto.

Días antes de la visita real, Ana Bolena había regresado a la residencia familiar. Luego de un par de años recluida en las fincas que la familia tenía en el campo, Thomas levantó el castigo y autorizó el retorno de la hija que había osado desafiar al Rey.

Para Enrique, aquel incidente había quedado rápidamente en el olvido, tanto como la muchacha que lo protagonizara.

Pero esa tarde de verano, cuando el monarca salió solo a dar un paseo por los magníficos jardines de Kent, volvió a encontrarse con Ana. La muchacha seguía conservando la rara belleza que le conociera Enrique, pero había incorporado una serenidad y una sapiencia que deslumbraron al rey.

En tiempos de "reclusión" y "ostracismo", la *Petite Boleyn* había consumido sus horas leyendo, conversando de política y procurando adivinar qué sería de su vida en el futuro. Así supo del parto de su hermana y también del abandono real. Ninguno de los dos hechos la sorprendió. Ése era el irremediable destino de las amantes de los reyes.

Durante varias horas, el monarca inglés y la menor de las Bolena caminaron solos por los jardines, conversaron de música y de política, y el Rey flirteó con la muchacha en todo momento. Cuando llegó la hora de la cena, ya era demasiado tarde para emprender el camino a Londres, y además Enrique deseaba pasar algún tiempo más con quien, suponía, sería su nueva concubina.

Es difícil saber qué sintió Ana aquella tarde, al comprobar que el rey de Inglaterra la estaba cortejando. Pero algo parece seguro: Enrique no era, precisamente, el tipo de hombre que le atraía, y tampoco estaba dispuesta a correr la misma suerte que su hermana. Si el Rey se empeñaba en conquistarla, ella debería valerse de cuanto recurso tuviese a mano para evitar que él pudiese llevarla a la cama.

Desde luego, a ninguno de los presentes en el castillo de Hever le pasó por alto el manifiesto interés del Rey por la pequeña Bolena. Muchísimo menos a Thomas, que veía cómo su segunda hija reconquistaba el favor real, luego de que María lo perdiera.

Con las primeras luces del día siguiente, Enrique y su comitiva se pusieron en marcha. El Rey regresaba pletórico, Ana quedaba hundida en densas cavilaciones, y Thomas se disponía a sacar cálculos políticos a partir de la nueva e inesperada situación. La estrella de los Bolena parecía destinada a no apagarse jamás.

Nuevo escenario

Esa noche, la familia Bolena se reunió alrededor de la mesa para la hora de la cena. Sólo faltaba María. El padre tomó la palabra y, con una satisfacción que no podía disimular, anunció que había convocado al duque de Norfolk para el día siguiente, con el objetivo de trazar la estrategia que se debería llevar adelante para satisfacer el capricho real.

María, caída en desgracia, debería salir discretamente de la vida del soberano, y a Ana, la flamante favorecida, le había llegado la hora de desplegar todo su arte para conquistarlo y retenerlo la mayor cantidad de tiempo posible. Ése era el nuevo cuadro de situación según lo veía Thomas.

Nadie dudaba de que muy pronto llegaría desde Londres la invitación del Rey para que Ana regresara a la corte, y allí era donde comenzaba a tallar el duque de Norfolk.

El tío de los jóvenes Bolena conocía y participaba activamente de las intrigas cortesanas, y contar con la voluntad de la concubina del Rey suponía una inestimable ventaja para influir sobre Enrique en contra de los enemigos del duque; particularmente Charles Brandon, primer duque de Suffolk.

Brandon no era sólo un enconado enemigo de Norfolk, sino que contaba con dos ventajas sobre el tío de Ana: estaba casado con María, la hermana menor de Enrique por la que el Rey sentía un especial cariño, y era, además, el más entrañable compañero de correrías del Rey. Tan cerca estaban María y Charles del corazón de Enrique, que en cualquier otra situación, el casamiento entre ambos hubiera merecido el destierro y el infortunio para la pareja.

Por decisión de Enrique, María Tudor había sido dada en matrimonio a Luis XII, rey de Francia, con el propósito de afianzar una alianza política muy importante para Inglaterra. Ella tenía 18 años y el monarca galo, 52. María cruzó el Canal de la Mancha atribulada, envuelta en llanto, por el destino matrimonial que le había fijado su hermano.

En Francia, durante la celebración de la boda, conoció al joven y seductor Charles Brandon, por entonces embajador inglés en la corte francesa. Se enamoraron inmediatamente. Un famoso anticuario británico, William Dugdale, describió al valeroso Brandon como:

"… una persona atractiva de estatura, gran coraje y de disposición conforme al rey Enrique VIII, de quien llegó a ser su gran favorito".

Efectivamente, el joven Charles seguía siendo uno de los nobles más populares entre las damas de la corte. No casualmente Brandon había atravesado ya por tres matrimonios.

Haber conocido al duque de Suffolk durante la celebración de su boda con Luis fue una nueva daga en el corazón de María Tudor. Sin embargo, esta vez el destino jugaría a su favor, porque tres meses después del casamiento, el rey francés murió en su cama, arrasado por la fiebre.

María, que antes de llegar al lecho nupcial ya se había convertido en amante de Brandon, supo que si regresaba a Londres, Enrique le buscaría otro candidato tan indeseado como el anterior. Se quedó entonces en París, y el 3 de marzo de 1515 se casó en secreto con el joven duque.

Dos días más tarde, el cardenal Wolsey se enteró de la boda por una carta que le envió el propio Charles, y que el historiador Francis Hackett reproduce:

"La Reina no me dejaba descansar en tanto no me aviniese a casar con ella, de modo que, para ser completamente franco, debo deciros que hemos contraído nupcias, me he acostado con ella y temo que se halle encinta. Creo será mi ruina si el Rey, mi Señor, llegase a conocimiento de lo que he hecho".

No sólo Enrique "llegó a conocimiento" de lo que había hecho, sino que se puso tan furioso por la insolencia de los jóvenes que estuvo durante casi dos días sin probar bocado. Algo decididamente inusual en alguien que "se alimentaba como un león hambriento".

Por mucho menos, Ana Bolena había sido expulsada de la corte.

El 13 de mayo de 1515, la furia del Rey había desaparecido, previa devolución de la dote de María por parte del duque, y los amantes celebraron su casamiento formal en el salón mayor del castillo de Greenwich.

Ése era el vínculo que Enrique tenía con el mayor enemigo del duque de Norfolk.

La salud del Rey

Tal cual todo hacía suponer, una semana después de la visita del Rey a Hever, Ana recibió una carta de Enrique VIII, en la que la invitaba a convertirse en dama de honor de la Reina. La formalidad no significaba más que el anuncio de que el monarca inglés la quería de concubina.

Aquella noche en que Thomas Bolena reunió a su familia para explicar la estrategia a desarrollar en virtud de la nueva posición de su hija menor, Ana había permanecido callada. También guardó silencio al día siguiente, cuando fue Norfolk quien trazó el camino que debía seguirse.

Pero la invitación formal del Rey cambiaba las cosas. Ya no era una suposición el interés de Enrique por ella. El monarca la quería en su lecho y Ana no estaba dispuesta a complacerlo.

Esa noche, durante la cena, la *Petite Boleyn* dejó en claro su postura sin demasiadas delicadezas. No pensaba irse a la cama con el Rey. Tanto para Thomas como para Jorge, aquello era una verdadera locura. Desairar al monarca implicaba, cuando menos, salir de su entorno y acaso de la corte misma. Ana estaba rematadamente loca.

La muchacha, empero, había elaborado una delicada aunque riesgosa estrategia. No rechazaría frontalmente al Rey, pero haría pesar su honra, su reputación como mujer, impondría dilaciones. Al menos, si la fuerza de las circunstancias la empujaban de todos modos a terminar en la alcoba real, habría ganado tiempo y fortuna. Enrique era sumamente generoso en la etapa de los galanteos, y ella tenía una pericia de la que carecía María. Por otra parte, su hermana se había enamorado del Rey; a Ana, éste ni siquiera le atraía. Y hasta se decía que Enrique no era en absoluto un buen amante.

María le había contado, en las poquísimas charlas que tuvieron durante los años en los que su hermana fue concubina real, que el monarca era un hombre de lo más obcecado, que se empecinaba cuando no podía lograr lo que pretendía. Y todo ello era cierto.

En realidad, la irascibilidad y la falta de potencia sexual del rey de Inglaterra se debían a otras razones que poco tenían que ver con su mal genio.

De joven, Enrique había sido un hombre atractivo, fuerte y alegre; uno de los mejores deportistas del Reino, decían, y dueño de un estómago capaz de ingerir tanta comida como un búfalo. Sin embargo, amén de las heridas que sufriera en las distintas justas en las que participaba, su dieta absolutamente pobre en vegetales lo llevó a contraer escorbuto, una enfermedad que tuvo de por vida. Además, padecía de gota, osteomielitis del fémur y várices. Y como si todo ello fuera poco, una herida que sufriera en 1524 durante una competencia con su amigo Charles Brandon le dejó una gran lesión en la pierna, que se ulceraba con frecuencia.

Por otra parte, y aunque en su tiempo resultaba imposible diagnosticarla y por eso no quedaron registros, es casi seguro que Rey también tuviera sífilis.

La vida disoluta que llevaba, la falta de higiene propia de la época y la dificultad para concebir hijos sanos fueron factores y síntomas de que dicha enfermedad acompañó a Enrique desde muy joven.

Las brutales decisiones que fue tomando aquel rey que, de joven, se había distinguido como un humanista y un progresista también abonan la presunción de que, con el tiempo, la sífilis no sólo le agrió el carácter de modo sustantivo, sino que le fue haciendo perder el juicio.

Otra de las calamidades que pasaron por el cuerpo del Rey fue la viruela o algo semejante que, supuestamente, contrajo en un viaje a Francia. Con detalle, el historiador Francis Hackett se refirió a esa enfermedad:

"Evidentemente, el Rey había traído de Francia una dolencia, de la que volvió a sufrir con carácter crónico, y en forma de úlceras, en una pierna dos años más tarde, y que lo acompañó hasta la hora de su muerte. Dicha dolencia despertó en el Monarca un desenfrenado interés personal por las unturas de todo género. Convirtióse en su propio boticario, preparándose ungüentos prodigiosos, a los que incorporaba unas perlas mágicas, debidamente trituradas y molidas, y hasta sometió a tratamiento una úlcera que padecía su amigo Will Comton en el año 1514".

Nada de esto, por supuesto, sabía Ana aquella noche, cuando le comunicó a su familia que no sería la amante del Rey; al menos, no sería una amante más.

Otra dama en palacio

Sin embargo, la joven contaba sin saberlo con algunas ventajas respecto del resto de las amantes que habían pasado por la alcoba real. A punto de cumplir 34 años, el Rey ya no era ese príncipe fuerte y perspicaz de otros tiempos, cuando no debía avergonzarse de su cada vez más pobre *performance* sexual. Se había vuelto hosco, le costaba escuchar a sus mejores consejeros, como Moro, por ejemplo, y la obsesión por engendrar un heredero varón le nublaba con frecuencia el raciocinio.

Del otro lado, tampoco Ana se parecía al resto de las amantes que la precedieron. Calculadora como su padre; temperamental, como su hermano Jorge; y con todo el bagaje mundano que le dejaran sus años parisinos, la damita de los ojos negros se aprestaba a convertirse en la última gran cruzada del rey de Inglaterra.

Con las quejas de su padre y las súplicas de su hermano en el equipaje, Ana llegó a Londres dispuesta a vender cara su reputación. Atrás quedaba otro amor que ya no podría ser: Thomas Wyatt, con el que se había seguido viendo en los tiempos de reclusión. No la asustaban las intrigas palaciegas, porque las había conocido desde muy joven en Francia; le preocupaba la brutalidad con que solía reaccionar Enrique VIII cuando se lo contrariaba.

Los primeros días en palacio fueron relativamente serenos. El Rey casi no se había cruzado con ella y la Reina la mantenía lo suficientemente ocupada como para que las posibilidades de que la nueva damita coincidiera en tiempo y espacio con su marido fueran escasas.

Sólo en un par de oportunidades, Enrique la tuvo cerca. Pero fue evidente que para el monarca no era aún el momento de avanzar sobre su presa. El Rey no cultivaba precisamente la diplomacia frente a su esposa cuando una dama le interesaba, pero tampoco se ocupaba de cuestiones de faldas si otras acechanzas lo desvelaban.

En esas dos semanas en la corte, Ana comprendió que todo el palacio de Greenwich se movía al ritmo de tres factores fundamentales: la política exterior, la lucha interna entre, al menos, dos grupos de nobles, y la Cuestión Real, o sea, el divorcio de los Reyes. Desde luego, los tres elementos se tocaban entre sí. Arbitrando el juego, Enrique adoptaba un movimiento pendular, en consonancia con sus estados de ánimo.

Es posible que, en cualquier otra situación, Ana se hubiese sentido tentada a establecer un vínculo más afectuoso con Catalina. La Reina tenía un temperamento sereno, reflexivo y afable. La mayoría de sus damas la servían con verdadero cariño y el pueblo británico la veneraba a pesar de ser española. Catalina se había ganado el corazón de los ingleses.

A pesar de que Enrique jamás le permitió ingerencia alguna en los asuntos de Estado, la Reina tenía también una fina mirada política. Eso fastidiaba sobremanera al cardenal Wolsey, que la consideraba una peligrosa enemiga interna.

Durante muchos años, la vida matrimonial con Enrique había transcurrido plácidamente. Y es seguro que si del vientre de la Reina hubiese nacido un hijo varón sano, las cosas habrían seguido de la misma buena manera. Catalina era dulce, fina y discreta. En especial esto último, lo que para el Rey tenía un valor superlativo.

Pero las circunstancias no dejaban espacios para las buenas relaciones. Catalina sabía que, más temprano que tarde, esa muchacha con un aspecto tan o más español que el de ella se transformaría en la nueva concubina de su marido. Pasaría como otras tantas, creía la Reina, pero en el término de su vigencia ocuparía la alcoba y, acaso, el corazón de su esposo.

Catalina estaba convencida de que su verdadera enemiga era la princesa Renata, y no la *Petite Boleyn*. Ése fue su gran error.

Empate inicial

El invierno de 1526 llegó a Greenwich inusualmente helado. Los días transcurrían lentos y el viento azotaba con furia. Se acercaban las navidades y para el Rey de Inglaterra nada había cambiado respecto de sus aspiraciones divorcistas. Era evidente que Clemente VII dejaba transcurrir el tiempo sin tomar decisiones concretas, a la espera de que se aclarase más el horizonte político europeo.

Por fin, una tarde especialmente fría, Ana fue convocada a una de las habitaciones reales.

Enrique la recibió con su laúd en una mano, le pidió que se sentara y comenzó a tocar una melodía que, según le dijo, había compuesto para ella.

La muchacha se acomodó en una silla frente a él, y mientras el instrumento dejaba escapar sus notas calculó la reacción que debería tener ante la segura arremetida del Rey. Varias veces desde la llegada a la corte, Ana había imaginado una escena similar a ésta. Y varias veces había elaborado una estrategia por anticipado.

Efectivamente, concluida la interpretación el Rey sirvió dos copas de vino y le alcanzó una. Ella la recibió gentilmente, bajó la vista y esperó que el monarca hablara.

Enrique no era, precisamente, un gran orador. Iba rápido al punto y eso le había acarreado algunos contratiempos tanto en lo político como en lo amoroso. Y si en el terreno diplomático la frontalidad lo hacía jugar en desventaja, en el plano amoroso las mujeres sentían que el Rey era incapaz de cortejarlas con romanticismo. Lo suyo era taxativo y veloz.

No fue distinto con Ana, pero la *Petite Boleyn* estaba preparada para esquivar el embate.

Con el primer sorbo de vino, Enrique le informó que estaba perdidamente enamorado de ella, y lo estaba desde el día aquel que habían pasado juntos en Hever. Ana reclinó la cabeza con un gesto perfectamente estudiado, que denotaba turbación.

¡Cómo se negaría ella al amor del Rey, cuando su corazón sentía lo mismo!, le explicó. Pero su reputación, que era todo lo que una mujer tenía, estaba en juego, y no podía permitirse ceder a lo que tanto deseaba. Enrique se quedó perplejo. Una vez más la muchacha de los ojos negros lo descolocaba. Ninguna de sus concubinas había tenido una reacción semejante. Ana no lo rechazaba, y hasta admitía que ella sentía algo similar por él, pero tampoco le daba su cuerpo. El Rey bebió un sorbo de vino, sonrió de costado, le besó la mano y le prometió que ya volverían a hablar del tema. Ahora no tenía un solo argumento a mano para hacer ceder a la joven.

Antes de la cena, Ana se encontró con su hermano Jorge en uno de los pasillos del palacio. Quería hallarlo y no le resultó difícil. El primogénito de los Bolena había sido nombrado caballero de la cámara privada del Rey ese mismo año, y merodeaba normalmente por los mismos lugares, siempre muy cerca del monarca.

Ana le relató con lujo de detalles el primer encuentro con Enrique, del que, creía, había salido airosa. Jorge la escuchó con atención y le dedicó una sonrisa forzada. El joven Bolena conocía mucho mejor que su hermana al Rey, y sabía de la furia que podía llegar a descargar aquél cuando se frustraban sus proyectos. Tenía la sensación de que la *Petite Boleyn* jugaba con fuego, y se lo dijo.

Ana, en cambio, no percibía riesgo alguno. En el peor de los casos, pensaba, regresaría a Hever del mismo modo en que se había ido. No estaba desairando a Enrique y, suponía, el Rey no podía exigirle ser su amante sin más.

Una jornada apacible

Dos días después de aquella visita a la cámara real, Ana volvió a recibir una invitación de Enrique. Esta vez la convocaba para cabalgar juntos. Si bien es cierto que ella tenía fama de buena jinete y esto debió de haber incentivado al monarca, la nueva movida real le arrancó una sonrisa. Enrique había decidido ir más despacio; estaba modificando su plan de conquista.

Se acercaban las navidades de 1526, la Cuestión Real seguía empantanada y el Rey de Inglaterra preparaba por esos días una nueva estrategia que prescindía del cardenal Wolsey. Tenía pensado enviar a su secretario William Knight a Roma, con el objetivo de convencer a Clemente de que la dispensa otorgada por Julio II en su momento, para que él pudiera desposarse con Catalina, era inválida. El clérigo y secretario real debía partir en los primeros meses del año entrante.

No eran buenas noticias para Wolsey. La impaciencia del Rey estaba minando el poder del cardenal, y sus enemigos en la corte pronto lo percibieron.

La mañana de la cabalgata despuntó fría, pero el cielo estaba despejado y el sol hacía derretir la fina capa de hielo formada sobre el pasto durante la noche. Enrique estaba de buen humor y Ana agradeció silenciosamente que eso fuera así. Mientras sus garbosos caballos avanzaban, una pequeña comitiva de caballeros los acompañaba a una distancia prudencial. El sol, que volvía a brillar después de varios días, parecía haber puesto locuaz al Rey que, durante casi toda la cabalgata, se dedicó a hablar de lo que más le gustaba: la música.

Hasta ese momento, Enrique era autor de tres obras breves, entre ellas: *Si el amor reinara* y *Pasatiempo en buena compañía*. No podía decirse que fuesen trabajos sublimes, pero se dejaban escuchar con facilidad. La vocación del Rey por la música parecía una paradoja si se consideraba la crueldad que por momentos exhibía y la escasa elegancia de sus maneras, según pensaba Ana. Pero, en verdad, Enrique era un eximio ejecutante y su lengua se tornaba ligera y expresiva cuando de música se hablaba.

Ana, por su parte, también amaba la música y pulsaba con dignidad el laúd.

La excursión se extendió casi hasta el mediodía. Los bosques de Greenwich y las aguas de la ribera sur del Támesis cobijaron la extensa plática entre el Rey y la *Petite Boleyn*. Enrique no la trataba como a una presa a la que se debía conquistar, sino como una buena amiga, y aquel cambio de estrategia real los acercó más.

Ana rió a más no poder cuando el monarca le contó que le gustaba practicar futbol, deporte que ella desconocía. Se jugaba con una bola hecha de vejiga de cerdo, y cientos de hombres de un lado, y cientos de otro, tenían la misión de trasladar la bola hasta el pueblo al que pertenecía cada equipo. Se trataba de recorrer varios kilómetros intentando que la bola avanzara hacia uno u otro lado.

Enrique le contó también que, para la práctica de este deporte, le había encargado a Cornelius Johnson, el mejor zapatero de Londres, que le confeccionara un par de botines con clavos en las suelas, para poder afirmarse mejor.

Cuando regresaron al palacio, la damita de los ojos negros adujo un cansancio que en realidad no sentía, y le pidió al Rey que le permitiese marchar a su habitación.

Ana sabía que si de evitar convertirse en concubina se trataba, debía administrar cuidadosamente la cantidad de tiempo que pasara con Enrique. Por otra parte, siendo el Rey un deportista destacado, era conveniente que creyese que lo que para él fuera un simple paseo, a ella la había agotado. Así, el orgullo viril quedaría a salvo.

Capítulo III
Una pasión real

*L*os dos encuentros que Enrique VIII tuviera con Ana Bolena se transformaron de inmediato en un tema casi excluyente en el seno de la corte. La menor de las Bolena había ocupado el lugar de su hermana sin solución de continuidad, y la familia que habitaba el castillo de Hever parecía bendecida por la gracia de Dios. Y aunque nadie podía suponer que Ana no jugaría el mismo rol que María en cuanto a los deseos y olvidos reales, Thomas era consciente de que su hija acababa de iniciar un juego que podía terminar en hecatombe.

Esa tarde, Enrique ordenó cuál debía ser el nuevo lugar que la pequeña Bolena ocuparía en la mesa real. Ana, sin embargo, no bajó a cenar aduciendo una descompostura. Pero a ninguna de las damas de Catalina les pasó por alto el sitio en el que quedaba la silla vacía. Ni siquiera a la propia Reina, a la que no le costó adivinar hacia dónde caminaba su marido.

Al concluir la cena, Thomas y Jorge se sentaron a beber en un lugar apartado del salón. Necesitaban examinar la situación. Ninguno comprendía cabalmente el juego de Ana, aunque a ambos les preocupaba. Era imperioso que la díscola muchacha explicara cómo pensaba manejar la relación con el Rey.

Padre e hijo acordaron, entonces, que debía prepararse una reunión en la que además participara el duque de Norfolk, a los efectos de instruir a Ana para que la suerte familiar no se hiciera añicos.

Un rey drástico

En la corte de Enrique VIII un tropezón podía ser fatal. Esto lo sabían muy bien tanto el duque de Norfolk como el resto de los nobles que fatigaban los pasillos del palacio de Greenwich. Las intrigas y las luchas de facciones estaban a la orden del día, pero nadie ignoraba que el Rey despreciaba a unos y otros de los contendientes. Era a la nobleza como tal a la que toleraba con disgusto, y había dado muestras de ello apenas iniciado su reinado.

En 1509, cuando el joven heredero de apenas 18 años de edad alcanzó el trono, había algunas cuestiones que ya tenía en claro. Su padre y otros monarcas europeos gobernaban desde hacía años condicionados por una casta parásita que, apoyada en sus riquezas y sus ejércitos, esquilmaba al reino y ponía en jaque a los distintos soberanos. Esa casta era la de los nobles o, al menos, de la alta nobleza.

Una y otra vez, Enrique VII había debido negociar con ellos bajo presión, pero la táctica, pensaba entonces el joven heredero, conducía a un callejón sin salida. Los impuestos nobiliarios ahogaban al pueblo y, en especial, a la naciente burguesía conformada por comerciantes y artesanos, que eran la principal fuerza generadora de riquezas del reino.

Paralelamente, todo un nuevo grupo de pensadores y políticos surgía con fuerza en Europa, influyendo de manera decisiva en las ideas del heredero Tudor. Erasmo de Rotterdam, Maquiavelo, Lorenzo de Médici y, fundamentalmente para Enrique VIII, Tomás Moro, conformaban parte de los humanistas que proponían una nueva mirada sobre la sociedad y el hombre.

Así, pocos meses después de calzarse la corona real, el joven Tudor tomó la primera decisión política que marcaría el rumbo de su gobierno: acusó de traición a la patria a Richard Empson y Edmund Dudley, los dos ministros de su padre que habían creado y reglamentado los confiscatorios impuestos nobiliarios. Los mandó encerrar en la Torre de Londres y, con la sentencia en la mano, los hizo decapitar.

La alianza del nuevo rey con la naciente burguesía quedó sellada con la sangre de los dos abogados de la nobleza, y con el nombramiento de Moro como vicesheriff de Londres y miembro del parlamento británico.

El joven Tudor había elegido el camino de la crueldad para sentar sus reales como nuevo monarca. Se ganó así el odio de los nobles, pero también el amor de su pueblo.

Habían pasado ya 17 años desde que rodaran las cabezas de los dos ministros, pero la forma de proceder de Enrique había cambiado poco. Aun sin que corriera sangre, el Rey podía ser tan cruel como entonces cuando una situación lo disgustaba.

Esto era lo que trataban de evaluar Thomas, Jorge y el duque cuando por fin se reunieron con Ana. Norfolk pensaba que lo único sensato que podía hacer la joven Bolena era someterse a los requerimientos de Enrique y transformarse en su concubina lo antes posible, a fin de no desatar su temible furia. Thomas y Jorge coincidían.

Frente a la cerrada negativa de Ana a transitar ese camino, los cuatro lograron alcanzar un acuerdo provisorio: ella mantendría vivos los deseos del Rey sin ceder a sus requerimientos sexuales mientras la paciencia de aquél no se agotara. Si esto último ocurría, iría a la cama con él. La reunión terminó sin sobresaltos, aunque ninguno de los tres hombres estaba seguro de que Ana honraría el pacto. No se equivocaban. La *Petite Boleyn* sólo aspiraba a ganar tiempo para llevar adelante su plan: si Enrique buscaba una nueva esposa, ¿por qué no ser ella la primera candidata?

El planteo sonaba absurdo, aunque no para Ana.

El fuego

Las navidades se aproximaban y Enrique VIII ordenó que se organizara una gran fiesta con representación teatral incluida. La música y el teatro conmovían especialmente al Rey, que no perdía oportunidad para que músicos y actores desplegaran sus talentos frente a la corte.

En 1509 la corte británica contaba con sólo cinco músicos; diecisiete años después la cifra se había multiplicado por diez. Evelyn Anthony cuenta que en aquella oportunidad:

"El tema de la representación teatral eran *Los elementos*, y Ana pidió permiso a Catalina para simbolizar el Fuego. La reina asintió con frialdad…".

La pequeña Bolena comenzó entonces a preparar lo que habría de ser su primera gran puesta en escena. Si podía conmover el corazón del Rey, su plan tendría aún más posibilidades de éxito. Continúa Anthony:

"Ana se pasó varios días eligiendo su vestido y su tocado. Ordenó un vestido de terciopelo escarlata, con cuello y mangas largas con adornos de paño bordado en oro y un antifaz de raso negro, con bordados de oro también".

La noche de la celebración llegó por fin. El salón mayor del palacio había sido decorado con las clásicas guirnaldas navideñas, brillaba con la iluminación que desparramaban miles de velas y explotaba de gente. Nobles, clérigos, artistas y algunos plebeyos colmaban el lugar.

Ana, en su habitación, se preparaba para encarnar su parte en la función. Su aspecto era cautivante. Así la describe Evelyn Anthony:

"Se puso su tocado y se ajustó el elegante antifaz; era un atavío que llamaba la atención, el vestido rojo resplandecía, las mangas largas estaban rodeadas a la altura del codo por bandas de granates, el corpiño se ajustaba como una vaina, favoreciendo su breve talle, y las puntas de color escarlata producían el efecto de lenguas de fuego que brotasen alrededor de su cabeza".

Todo estaba listo para la gran puesta en escena que preparaba la *Petite Boleyn*. En el salón mayor, con la música de fondo de la orquesta real, los invitados comían, bebían, sonreían y, antes que nada, conspiraban. Y si la nueva concubina del Rey era un tema infaltable en cada grupo, la aparente merma de poder de Wolsey se convirtió en la materia excluyente de la noche.

Sacerdote y consejero

El refinado cardenal, egresado de la Universidad de Oxford, rápidamente había subido escalones tanto dentro de la Iglesia como en la corte. Ordenado sacerdote en 1498, había necesitado apenas nueve años para transformarse en el capellán personal de Enrique VII, y menos de cuatro para convertirse en consejero del nuevo monarca.

Muy pronto también, Enrique VIII había depositado su total confianza en ese clérigo carismático, astuto y con una sólida formación académica. Desde 1515, año en que fue designado lord canciller por el Rey, Thomas Wolsey controlaba y manejaba no sólo las relaciones exteriores del Reino, sino también la política doméstica en general.

Su poder, que hacia 1525 se había vuelto casi omnímodo, le granjeó por supuesto enemigos de todo pelaje. Sin embargo, el mayor resentimiento hacia el cardenal anclaba en su condición de hombre de la Iglesia. Enrique no le había confiado –ni le confiaría– a ningún noble de su entorno tan importante cargo.

Pero Wolsey también hacía lo suyo para ganarse antipatías, y no sólo de los nobles. Su palacio de Hampton Court, enclavado en una bella campiña a 20 kilómetros de Londres, con sus torres octogonales y sus enormes jardines, albergaba más criados y personal de servicio que el mismísimo castillo de Greenwich. El cardenal no se privaba de exhibir su pasión por el lujo, las artes y las bellas mujeres. Además, había acumulado una enorme fortuna. Durante más de diez años su palabra valía casi tanto como la de Enrique.

Dice de él la historiadora María Jesús Pérez Martín:

"Loco y ebrio de poder, Wolsey se va deshaciendo de cuantos se le oponen; ya ha perecido, entre otros, el duque de Buckingham; de ahí que los miembros de la nobleza reaccionen acobardados como ratones asustadizos, o borregos atropellados por el perro mastín, soportando humillaciones sin cuento, guardando antesala sin esperanza de ser recibidos o para escuchar los peores improperios. Tampoco escapan magistrados y juristas a esta violencia; el calificativo de *estúpido* es el más suave que reciben cuando se oponen a la voluntad del canciller".

Ahora, el inefable cardenal parecía tambaleante y la nobleza en pleno se postulaba para darle el empujón final. Sin embargo, se apuraban demasiado.

Baile, seducción y poder

Esa noche de vísperas de Navidad fue, efectivamente, la de la consagración de Ana Bolena. La muchacha del cabello y los ojos negros danzó como jamás había visto el Rey, siendo él mismo un excelente bailarín. La joven repartió sonrisas y mohines de picardía, y generó un conflicto entre los Reyes que no terminó en escándalo sólo por la obediencia infinita de Catalina.

Embrujado por las formas, los gestos y la mirada de Ana, Enrique, que ya parecía estallar de deseos, bailó con ella casi toda la noche. No le sacó los ojos de encima y con dificultad ocultaba sus celos cada vez que algún joven se acercaba a la *Petite Boleyn*. Su conducta fue tan evidente para los invitados que a pocos les quedaron dudas respecto del influjo que la muchacha ejercía sobre el monarca, y de lo diferente que se comportaba el Rey con ésta, su nueva potencial amante.

Si bien Enrique nunca se había preocupado demasiado por ocultar sus amoríos a los ojos de Catalina, jamás rompía las formas cuando estaba rodeado de gente. Esa noche, en cambio, no podía controlar sus bríos de caballo salvaje.

El vino que el Rey consumía en grandes cantidades y el dolor en la pierna herida que se acababa de ulcerar nuevamente le permitieron a Ana no sucumbir frente a los arrestos inmediatos de Enrique. Pasada la medianoche, el Rey tambaleaba. Entonces debió marcharse a su habitación para roncar hasta la mañana siguiente.

Esa noche, que marcaría un antes y un después no sólo en la vida de Ana Bolena, sino también en la de Inglaterra, un personaje que no brillaba todavía con luz propia recorrió los distintos rincones del gran salón del palacio, siempre con la misma copa de vino en la mano e idénticos ojos inquisidores. Su nombre era Thomas Cromwell y estaba al servicio de Wolsey desde 1514. Nadie lo sabía aún, pero su nombre quedaría ineludiblemente ligado a la historia de Gran Bretaña.

Sin título nobiliario alguno, y miembro de una familia de clase baja, Cromwell había logrado, sin embargo, abrirse camino en la vida. Su padre, que trabajaba como obrero textil y luego como empleado en una cantina, había sido incapaz de darle formación alguna al muchacho. Pero el joven Thomas comenzó su vida de adulto como empleado de la poderosa familia Frescobaldi, que por entonces controlaba parte del comercio textil en Florencia. Para eso debió emigrar de Inglaterra y, en su condición de vendedor, recorrer buena parte de Europa. Así llegó a dominar con fluidez el italiano, el francés y el latín, además de su inglés natal.

La astucia y las dotes diplomáticas del muchacho se hicieron conocidas, y ya la información había atravesado las fronteras británicas cuando Cromwell regresó a Inglaterra, luego de revistar como asistente del cardenal Reginal Bainbridge.

Thomas Cromwell no era abogado, pero Wolsey consideró que aquel joven que a sus 29 años había recorrido casi toda Europa era el indicado para asistirlo en cuestiones de índole diplomática que a él le resultaba imposible atender.

Cromwell no se quedó quieto, y luego de contraer matrimonio con la hija de un poderoso fabricante de telas comenzó a estudiar Derecho. En 1523, con su título de abogado bajo el brazo, se transformó en diputado.

Esa víspera de Navidad, el abogado de la corte seguía trabajando con Wolsey, y era el vocero del cardenal en el parlamento. Lentamente, y merced a sus exitosas gestiones diplomáticas, iba ganando también la confianza del Rey. Sólo una cuestión lo separaba de Enrique: Cromwell era un entusiasta seguidor de los reformistas religiosos. El destino, empero, haría de esa diferencia una de sus mayores cartas de triunfo.

El abogado perspicaz

Agudo observador, al abogado Cromwell no se le escapó el hechizo en el que estaba envuelto el Rey. Tampoco, a diferencia de la mayoría de los presentes, la esquiva conducta de la muchacha Bolena. Ana no se asemejaba al resto de las amantes que tuviera Enrique. No alardeaba con el "afecto" que le tenía el monarca; sus ambiciones, daba la impresión, iban mucho más allá de calentarle la cama durante algún tiempo.

Thomas Cromwell tomó debida nota de los intersticios que parecía tener este nuevo romance real. Muchas veces, en el último tiempo, había conversado con el cardenal acerca del divorcio del Rey, pero siempre les costaba a ambos arribar a un puerto seguro.

Wolsey quería complacer al monarca consiguiéndole una nueva esposa y sabía, además, que por el bien del Reino era imprescindible un heredero varón. Pero al mismo tiempo le disgustaba poner a Clemente en una situación de difícil retorno frente a Carlos I, que lo tenía virtualmente prisionero en el Vaticano.

Si con el paso de los años, el abogado de la corte se había convertido en confidente y asesor privilegiado del poderoso Thomas Wolsey, si por cierto se respetaban y se tenían mutuo afecto, en términos religiosos los separaba un abismo, a pesar de que el cardenal aún no lo sabía.

Cromwell, por otra parte, comprendía la disyuntiva en la que se hallaba su jefe: era un hombre de la Iglesia, un súbdito del Papa y un serio aspirante al sillón de Pedro el día en que Clemente muriera.

Así, Thomas Wolsey hacía equilibrio entre conservar el favor del Rey y no embestir abiertamente contra el Papa. Eso creía Cromwell que, al mismo tiempo, estaba convencido de que a su jefe se le escapaba un detalle que podía ser crucial: Ana Bolena. El amor, el capricho o los deseos sexuales insatisfechos del Rey eran elementos capaces de empujar a Enrique a coronar a la muchacha morena. Al cardenal, tamaña hipótesis ni le pasaba por la cabeza. Incluso la había descartado por completo la tarde en que el abogado la insinuó como posible.

Pero esa noche, con la copa de vino en la mano casi como un permanente ornato, el asesor del canciller percibió que Bolena estaba lejos de ser una pieza menor en el tablero. Había cautivado al Rey de una forma insólita, y tenía entre sus familiares a uno de los más encarnizados enemigos del cardenal: el duque de Norfolk.

La joven podía producir mucho daño si no se la tomaba en serio. Cromwell no deseaba la caída de Wolsey, al menos por el momento. Y como no la deseaba, decidió insistir y volver a discutir el tema el día siguiente.

Una joven genial

Los días y las semanas fueron pasando tan lentamente como el invierno. Nada parecía avanzar, al menos en la dirección de los deseos de Enrique VIII. La misión de su secretario en el Vaticano no había arrojado ningún resultado que hiciese prever una decisión favorable del Papa. Clemente no revocaría la Bula de Julio II para dejar carente de validez el matrimonio con Catalina, por lo menos hasta que no supiera hacia dónde soplaban con más ímpetu los vientos políticos de Europa.

La relación con Ana, en tanto, había evolucionado apenas. Algunos besos robados en momentos en que el Rey ardía de pasión, largas caminatas por los jardines de Greenwich, cabalgatas, cacerías compartidas y sesiones de música. No mucho más que eso.

La alegría del Rey por los fugaces ardores del comienzo de la relación con Ana había dejado paso a un permanente mal humor, excepto en los momentos en que estaba junto a su amada. Enrique se hallaba en una disyuntiva, y lo sabía. No se llevaría a la cama a la muchacha si la relación no tomaba otro rumbo, y tampoco movería al Papa de su postura si no lo acorralaba.

Todo empezaba a fastidiar al poderoso Rey de Inglaterra. Bufaba y rumiaba sus propios pensamientos.

Pero una tarde de principios de primavera ocurrió algo que ni el propio monarca había previsto. Se hallaba con su amada en una de las cámaras reales y la abrazó procurando una vez más besarla apasionadamente para vencer las resistencias de la muchacha. Las reticencias de Ana pusieron nuevamente el freno. Pero esta vez, arrastrado por el deseo, Enrique jugó una baraja imprevista hasta para él mismo.

Se volvieron a sentar uno junto al otro, y el Rey le informó a la *Petite Boleyn* que estaba tramitando el divorcio con la Reina, y que una vez que lo hubiese obtenido se casaría con ella.

Ana controló con dificultad una sonrisa de triunfo, y lo besó apasionadamente. Le prometió el heredero varón que al Rey tanto le importaba pero, cuando Enrique creyó que las barreras habían caído definitivamente, la joven lo atrapó en su propia celada. Si habrían de casarse y tener el ansiado varón, no podían consumar el acto sexual antes del matrimonio porque, de ser así, el niño se convertiría en un bastardo, explicó Ana.

La gran disyuntiva

Todo estaba hecho. El Rey había cruzado una frontera que no tenía previsto atravesar y, pese a eso, tampoco había logrado su cometido. Pero si bien Enrique no era de aquellos a los que les quitaba el sueño incumplir lo prometido, tampoco le sonaba tan disparatado lo que la joven acababa de decir. Ana era vital, hermosa a sus ojos, inteligente y sensible, ¿por qué no podía ser su reina y darle, además, un varón sano y fuerte como él mismo?

Al anochecer, antes de la cena, el rey de Inglaterra salió a caminar por los jardines del palacio con el hombre al que más respetaba y quería: Tomás Moro. Necesitaba contarle lo sucedido y escucharlo. Nadie en la corte tenía la profundidad de pensamiento de su amigo; nadie su lucidez para abordar una cuestión puntual sin desatender el todo.

Caminaron como solían hacerlo en aquellos primeros tiempos de Moro en la corte. El brazo de Enrique por sobre el hombro del teólogo, el político, el poeta, el humanista, porque todo eso era Tomás Moro. La marcha lenta, acompasada al ritmo de las reflexiones de su amigo, serenaba al Rey. A partir de esas largas conversaciones habían llegado las mejores y más atrevidas decisiones políticas del, por entonces, joven monarca británico. No era casual. Sin conocerse aún, Moro había escrito un par de hermosas poesías en homenaje a Enrique cuando éste fue coronado, porque creía, intuía, que habría de ser el más grande príncipe europeo.

Mientras caminaban, apenas alumbrados por la luz de un crepúsculo rojo, el Rey anunció su proyecto. Moro lo escuchó en silencio, reflexionó unos instantes y le dio su opinión. El Rey tenía derecho a buscar una nueva esposa que le diese un hijo varón, pero para ello debía romper el compromiso matrimonial hecho ante los ojos de Dios, y eso sólo podía concretarlo el Papa, según explicó.

El teólogo no se oponía a que el Rey, si así lo deseaba, disolviese el vínculo sin la dispensa papal. Sería excomulgado por ello. De ser ésa su decisión, Moro no habría de juzgarlo; sólo Dios podía hacerlo.

Si Enrique tenía la secreta esperanza de que su amigo apoyase una eventual insubordinación al Vaticano, ese anochecer dicha esperanza desapareció para siempre.

Se iniciaba así un camino que acabaría en tragedia.

Piezas en un tablero

El Rey fue incapaz de comprender la crucial importancia que para Moro tenían determinados principios. Aunque también de esa incapacidad sería responsable Ana Bolena.

Es que Enrique VIII era una rara combinación de elementos, con frecuencia, difícil de comprender. Francis Hackett lo ensayó con pluma de poeta:

"El Don Quijote que llevaba dentro lo inducía a cargar contra los molinos de viento que veía durante la noche, mientras que el Sancho Panza que también le integraba temblaba de miedo. Mandaba cantar los Tedeums, recibía los Sacramentos, llevaba encima reliquias y conjuraba los espíritus malignos con aire plácido e implacable; pero, en realidad, vivía en un mundo poblado de espectros".

Efectivamente, esos espectros comenzaron a ser sus eternos compañeros luego de la decisión de tomar a Bolena como esposa. Si disolver la unión matrimonial con Catalina era una cuesta hasta ahora imposible de repechar, lograr la disolución y luego contraer enlace con Ana sonaba quimérico.

Para la menor de las Bolena, sin embargo, eso supondría el triunfo tan ansiado y manejado de manera diestra.

Esa noche, Ana estuvo en la habitación del Rey hasta las primeras horas del nuevo día, momento en el que el vino sometió a Enrique. Hasta entonces habían pasado el tiempo haciéndose arrumacos y planificando el futuro de la nueva pareja que, creían, estaba por formarse.

Al día siguiente, Ana se las ingenió para evitar cualquier encuentro con el Rey. No le resultó difícil. Enrique tuvo que dedicar casi toda la jornada a cuestiones de Estado que venía desatendiendo desde hacía varias semanas.

Lo que perseguía Bolena ese día era poder encontrarse a solas con Catalina y pedirle que le permitiera abandonar la corte por un par de semanas. Necesitaba viajar a Hever, y organizar una reunión familiar para delinear la estrategia que adoptaría respecto de su nueva posición frente al Rey.

Ana sabía que ahora los enemigos aparecerían por todas partes. Como buena estratega, tenía que conformar un sólido grupo de aliados.

¿Qué hacer?

La tarde en que Wolsey se enteró, por boca del mismo Rey, de las aspiraciones matrimoniales de éste, quedó mudo. La decisión le parecía tan extravagante que hasta le costó articular palabras de reparo o algún tipo de argumento en contrario.

Estuvo a punto, sin embargo, de balbucear una negativa, pero conocía demasiado bien a Enrique Tudor como para no advertir que aquél era un momento inapropiado para esbozar impedimentos. Bajó la vista, hizo un movimiento afirmativo con la cabeza y se retiró de la cámara real.

También el Rey conocía de sobra a su principal consejero. Esa actitud del cardenal podía leerse de una única manera: estaba en total desacuerdo. Porque cuando las diferencias eran reductibles, Wolsey se las ingeniaba para ir modificando detalles hasta cambiar un par de elementos de fondo. Ahora, ni siquiera había abierto la boca.

Cuando salió de la cámara real, el clérigo enfiló directo hacia su lugar de trabajo. El Rey se había vuelto loco, pensaba, pero su propia cabeza como hombre de confianza pendía de un hilo si no lograba disuadirlo o, eventualmente, complacerlo.

Se sentó frente a su gran escritorio de madera oscura y mandó a llamar a Cromwell. Acaso el joven abogado pudiese ayudarlo a clarificar las ideas. No se trataba sólo de que despreciase a la joven Bolena, en gran parte por el miserable arribismo con el que se había conducido siempre su padre; ocurría que reemplazar a Catalina por una plebeya sin más méritos que el de acostarse con el Rey sería inaceptable para el conjunto de la nobleza europea y para el propio pueblo inglés. ¡Ni hablar de lo que pensaría el Papa!

Nada de lo que le narró el cardenal sorprendió al abogado de la corte. Había tomado asiento, saboreaba el primer sorbo de cerveza ofrecida por Wolsey, y mientras lo escuchaba recordó aquella noche de vísperas de Navidad. No esperaba un desenlace tan prematuro, pero éste había sido siempre posible, y altamente probable.

Cuando su jefe terminó de hablar, Cromwell midió con cuidado su respuesta; el cardenal albergaba la esperanza de que la decisión de Enrique fuese simplemente otro capricho, pero él no lo creía y debía comunicar con tacto alguno de sus temores.

Thomas Wolsey no sólo evaluaba la unión matrimonial desde un punto de vista diplomático, sino que resistía la idea del Rey por el desprecio que le generaba Bolena. Esto último era, a juicio de Cromwell, lo que podía costarle el cargo al cardenal. Y así se lo dijo.

Le aclaró que, tal cual él lo veía, Ana Bolena había adquirido una enorme influencia sobre el Rey y que confrontar con ella sería, al menos por ahora, la mejor forma de ganarse el rencor de Enrique. El monarca estaba subyugado con la muchacha y ella estaba rodeada por los peores enemigos del cardenal; eran miembros de su familia, pero aquellos que no lo eran no habrían de dudar un instante en unírseles si es que estaba en sus manos predisponer al Rey en contra de su canciller.

Wolsey lo escuchó con atención y en silencio. Algo le decía que Cromwell estaba en lo cierto. Sin embargo, eso significaba lisa y llanamente tratar de congraciarse con Ana Bolena. Era un despropósito. ¡Jamás se pondría al servicio de una ramera del Rey!

Una noche en vela

Cuando Cromwell y Wolsey terminaron la segunda copa de cerveza, la noche comenzaba a caer sobre el palacio de Greenwich. Afuera de la sala se escuchaba el trajín de los criados encendiendo las miles de velas que iluminaban la residencia real. Se habían quedado en silencio y casi en penumbras. Ambos sabían que los aguardaban días agitados.

Un par de minutos más tarde, Thomas Cromwell apoyó su copa vacía sobre la mesa, le preguntó al cardenal si requería alguna otra cosa de él y, tras la negativa, hizo una reverencia y se marchó a meditar él mismo en los tiempos por venir. Dejaba atrás a un hombre agobiado. En los últimos meses Wolsey había envejecido de repente.

Esa misma noche, mientras el cardenal cavilaba acerca de los siguientes pasos a dar, Ana Bolena preparaba su equipaje para marchar hacia Hever a la mañana siguiente. Con todo gusto Catalina había autorizado el viaje. Serían quince días en los que no la vería entrando en las habitaciones de su marido.

Nadie pareció conciliar el sueño esa noche.

La *Petite Boleyn* sabía que en cualquier momento, al día siguiente tal vez, toda la corte estaría enterada de la promesa matrimonial que Enrique le había hecho, y sus enemigos comenzarían a velar las armas; era imprescindible consolidar las propias filas lo más rápido posible.

No muy lejos del palacio real, en su modesta residencia de Chelsea, también Tomás Moro cavilaba acerca del futuro. Estaba absolutamente seguro de que Clemente VII no otorgaría dispensa alguna a Enrique, y le preocupaba hasta dónde llegaría el Rey para obtener el divorcio. Lo conocía demasiado bien como para temer de él una solución extrema.

Antes de buscar el improbable sueño, Moro rezó pidiéndole a Dios, fervorosamente, que iluminara al Rey de Inglaterra.

Capítulo IV
Cerca de Ana, lejos de Roma

*L*a segunda misión llegó a Roma al finalizar 1527, enviada, esta vez, por Thomas Wolsey. La integraban dos de sus secretarios: Stephen Gardiner, un erudito en derecho canónico que llegaría a convertirse en obispo, y Edward Fox, otro clérigo que, al regresar, sería nombrado rector del King's College de Cambridge.

Pese a su perspicacia política, el cardenal seguía apostando a convencer a Clemente mediante argumentos jurídico canónicos, cuando el Papa, en verdad, lo único que medía era la relación de fuerzas entre los tres monarcas que podían regentear los destinos de Europa: Carlos, Enrique y Francisco.

Clemente tardó varios días en recibir a los enviados británicos, y cuando lo hizo, apenas dispuso que se formara una comisión para que analizara el asunto. Poco para las expectativas de Enrique, pero algo más que la cerrada negativa inicial. Thomas Wolsey y el cardenal Lorenzo Campeggio, hombre de confianza del Papa, conducirían las reuniones que serían secretas y procurarían determinar si la Bula de Julio II que autorizaba el matrimonio de Enrique con Catalina podía o no ser declarada nula.

Habría que entablar una ardua contienda pero Wolsey, equivocando otra vez su análisis, confiaba en los buenos vínculos que Campeggio y él tenían desde hacía años. Ignoraba que el cardenal italiano ya había emitido un dictamen jurídico para el Papa, en el que aseguraba que el matrimonio de los Reyes de Inglaterra era legítimo.

El 8 de octubre de 1528, cuando por fin el italiano llegó a Londres, Ana y el Rey ya conformaban una pareja a la que sólo le faltaba la consumación del acto sexual.

Ana en ascenso

La reunión en Hever había dispuesto un tablero político en el que los más enconados enemigos de Wolsey se encolumnaron detrás de la pequeña Bolena para lograr la caída del cardenal. Hasta Charles Brandon, que aborrecía a Ana tanto como ella a él, se alineaba tras la damita de cabellos y ojos negros.

Los encuentros entre Ana y Enrique en las habitaciones del Rey se tornaron cada vez más asiduos y fogosos; sólo la amenaza de que Bolena concibiera un hijo ilegítimo detenía al Rey cuando la excitación se desbordaba. Era evidente que la situación no podía prolongarse mucho tiempo más. La paciencia del monarca se agotaba y la furia contra el cardenal, prolijamente acicateada por Ana, comenzó a crecer.

La *Petite Boleyn* hasta viajaba con Enrique cada vez que el monarca abandonaba Greenwich. Evelyn Anthony describe de este modo la situación de entonces:

"Ya no se mantenía el fingimiento de que era dama de honor de Catalina; el cargo era nominal y no se le asignaban deberes que la tuvieran separada del Rey. Dormía en las habitaciones comunales destinadas a las otras damas de la Reina y acompañaba a Catalina a la misa; incluso realizaba algunos servicios para ella, pero la mayor parte del día y todas las noches iba a los aposentos de Enrique".

Ana Bolena estaba lejos de ser una concubina del Rey como otras lo habían sido. La propia Reina sabía que la intención de su marido era casarse con la muchacha y que sus días en Greenwich estaban contados.

Sin embargo, para Catalina aquel empecinamiento del Rey resultaba inexplicable. La *Petite Boleyn* estaba lejos de ser, por ejemplo, una deslumbrante belleza de pelo rubio, ojos verdes y facciones perfectas como lo era *Bessie* Blount en 1518, cuando Enrique se enamoró de ella. La muchacha tenía 18 años y el Rey 27 cuando comenzó aquel romance que a la Reina le había quitado el sueño. Un año después, empero, *Bessie* marchó rumbo a un priorato para dar a luz al hijo del Rey que llevaba en el vientre, y allí había nacido Enrique, el varón sano y fuerte que Catalina no había podido darle.

En 1528, *Bessie* era ya una matrona incapaz de convocar la atención de cualquiera de los nobles de la corte, pero su hijo, convertido por Enrique en duque de Richmond, había sido presentado en la corte casi con la misma pompa que un vástago legítimo. Esa vez, Catalina creyó que su marido ya no podría humillarla más. Pero se había equivocado.

Pese a que la llegada del cardenal italiano a Inglaterra se había producido en octubre, recién el 18 de junio el tribunal comenzó a estudiar la legalidad de la Bula de Julio II. Pero Campeggio demoraba cada trámite hasta la exasperación. Ésa era la táctica del Papa. Si se producía una nueva alianza de Clemente con Carlos I, las aspiraciones divorcistas de Enrique se evaporarían para siempre. Cosa que ocurrió.

Un día antes de que terminara el mes de junio de 1529, el Papa y el Emperador sellaron el pacto al que aspiraba el Pontífice: Carlos I, en su condición de nuevo amo de Europa, tras haber reducido a escombros las tropas francesas con las que combatía desde 1525, le aseguraba independencia y autonomía al Vaticano. Clemente, a cambio, reconocía que Italia formaba parte del Imperio Español.

El nuevo escenario político de Europa firmaba la partida de defunción de un divorcio que, en otra situación, podría haber sido consentido por el Pontífice. En julio, Roma revocó los poderes de la comisión presidida por Wolsey y Campeggio y ordenó que se remitiera todo lo actuado hasta ese momento para que fuera el propio Vaticano el que decidiese sobre el asunto.

Thomas Wolsey había perdido la partida y con ella también su cargo, su poder y su fortuna. No hacía falta que Clemente fallara oficialmente. Su sentencia se había escrito junto con el pacto firmado con el Emperador.

Caídas y rupturas

La incidencia del pensamiento de Martín Lutero en la nobleza y la intelectualidad había producido un cisma que, hasta 1530, no se alcanzaba a percibir en toda su magnitud.

Hasta entonces, la Iglesia Católica presidida por el papa acumulaba un poder difícil de interpelar por cualquiera de los príncipes que gobernaban Europa. Cardenales, obispos y hasta sacerdotes eran dueños de fortunas que, con frecuencia, ni los mismos nobles tenían.

No resultaba extraño, entonces, que en casi todo el continente, pero especialmente en Inglaterra, los movimientos anticlericales ganaran adeptos con facilidad. No había sido fortuito el duro ataque que Enrique VIII, con el asesoramiento de Moro, descargara sobre las ideas luteranas en un libelo que le valiera el título de Defensor de la Fe, otorgado por el Vaticano.

Pero si bien Clemente VII era consciente de la imperiosa necesidad que tenía Roma de conservar unida su tropa en toda Europa, la política lo había obligado a hacer lo que él no quería. Su decisión de no autorizar el divorcio del rey de Inglaterra, en los hechos, abandonaba a su suerte a la Iglesia británica.

También para Enrique VIII el portazo papal cerró definitivamente el camino que había decidido desandar hasta entonces. Carlos I era política y militarmente más poderoso que él; no aceptaba el divorcio de Catalina, su tía, y Clemente se disponía a darle la razón. En paralelo, el movimiento luterano crecía en Inglaterra de la mano de Cromwell, primero, y de la propia Ana Bolena más tarde.

El día en que Enrique se enteró de que Roma había disuelto la comisión que debía estudiar la legitimidad de la Bula de Julio II, la impotencia cobró la forma de una furia incontrolable. Alguien debía pagar por tan brutal frustración de sus deseos, y el señalado fue Thomas Wolsey.

El adinerado e influyente cardenal había caído por las múltiples intrigas tejidas por los nobles en su contra, por los requerimientos de Ana para que el Rey lo alejara de su lado, pero antes que nada, Wolsey se había derrumbado por su propia soberbia política; por haber supuesto que la consideración que el Papa tenía hacia él pesaba más que la necesidad de Clemente de aliarse con los vencedores.

Thomas Wolsey, el hombre que manejara la política del Reino casi desde el mismo momento en que Enrique VIII accedió al trono, el hombre que se jactaba de ser consejero y confesor del monarca, iniciaba un ominoso camino al exilio, el despojo y la muerte. El suyo sería el último nombre de un cardenal británico subordinado al Vaticano.

Al mismo tiempo, el rey de Inglaterra se preparaba para liderar el mayor quiebre de la Iglesia Católica.

Cambios y progresos

La imputación con la cual Enrique despidió de su cargo a Wolsey era un preanuncio de lo que se venía pero, al mismo tiempo, una demostración de lo confuso que seguía siendo el rumbo para el Rey. *Praemunire* fue el nombre técnico del delito por el que se lo culpaba. O sea, se acusaba al cardenal de hacer prevalecer la representación papal por sobre la autoridad del Rey.

Aquello estaba en perfecta sintonía con la decisión real de haber elevado a Thomas Cromwell al cargo de secretario de Estado, pero se contradecía con la de ungir a Tomás Moro como nuevo canciller. Cromwell era un reformista militante; Moro, por el contrario, un papista a ultranza.

Cuando Thomas Bolena se enteró de que, efectivamente, Wolsey había sido expulsado de la corte, tuvo dos sensaciones encontradas. Por un lado, siendo ahora Cromwell el hombre más cercano al Rey, la Cuestión Real tendría posibilidades de resolverse satisfactoriamente a favor de Ana. Bolena conocía el pensamiento del nuevo secretario de Estado respecto de la supremacía papal y habría de conducir al Rey hacia la ruptura con el Vaticano; cosa que por otra parte era inevitable si Enrique pretendía deshacerse de Catalina.

Por otro lado, Bolena no ignoraba que, expulsado el cardenal, la frágil alianza política que apoyaba a su hija saltaría por los aires. Poderosos nobles del entorno del Rey se transformarían en peligrosos enemigos de la *Petite Boleyn*. Y Suffolk era el que más le preocupaba.

Para Ana, en cambio, la realidad era luminosa y esperanzadora.

Enrique la perseguía a sol y a sombra, aceptaba con una sonrisa sus reclamos y sus celos, y hasta le permitía opinar sobre asuntos de Estado. Su plan marchaba a pedir de boca. El Rey estaba convencido de que ella le daría el esperado heredero varón, había olvidado las viejas propuestas matrimoniales llegadas de la mano de Wolsey y ahora se disponía a dar dos pasos gigantescos en el camino hacia el matrimonio: rompería con el Vaticano y expulsaría a Catalina de la corte.

En este último aspecto, el rey de Inglaterra estaba cumpliendo con la palabra que había empeñado con Ana. En una carta, cuando comenzó a cortejarla, Enrique había escrito:

"... si estáis dispuesta a cumplir los deberes de una amante fiel, entregándoos en cuerpo y alma a este vuestro leal servidor, si vuestro rigor no me lo prohíbe, yo os prometo que recibiréis, no sólo el nombre de dueña mía, sino que apartaré de mi lado a cuantas hasta ahora han competido con vos en mis pensamientos y mi afecto y me dedicaré a serviros a vos sola".

En el otoño de 1530, Ana Bolena ya se sentía la nueva reina de Inglaterra.

Durante los meses transcurridos desde la expulsión del cardenal, se había reunido varias veces tanto con su padre como con su querido hermano Jorge. Una y otra vez, ambos le habían manifestado sus preocupaciones por el clima de rencor hacia ella que percibían entre los cortesanos; también entre el pueblo. En la calle, circulaban libelos acusándola de ser "la ramera del rey", y la compungida imagen de la Reina cada vez que salía de palacio acentuaba el odio de la plebe hacia "la puta que pretendía calzarse la corona real".

De Catalina, ni las camisas

Pero Ana confiaba en su poder sobre Enrique y también en lo volubles que suelen ser los apoyos y las oposiciones en una corte. Y aunque era cierto que algunos hombres del entorno del Rey, que hasta el despido del cardenal la habían apoyado, ahora le demostraban su oposición más abierta, la presencia de Thomas Cromwell en la neurálgica Secretaría de Estado suponía una gran tranquilidad para ella.

Con Cromwell compartía no sólo las ideas reformistas respecto del poder papal y del clero católico, sino esa suerte de condición plebeya que los nobles les adjudicaban a ambos. Ana no lo era, su padre había sido nombrado vizconde de Rochford, pero para los caballeros y las damas de la corte el título nobiliario sólo se apoyaba en los favores sexuales de sus hijas al monarca; lo que era cierto.

Para Ana, en suma, los días transcurrían felices y esperanzadores. La mayoría de las noches el Rey elegía cenar con ella a solas en sus habitaciones, y la pequeña Bolena sabía luego cómo aliviar los ardores del Rey sin que se consumase el acto sexual.

Enrique ya casi ni se veía con Catalina, y hasta impidió que su esposa siguiese confeccionándole las camisas el día en que Ana le reprochó airadamente tamaño gesto de intimidad.

Dice Francis Hackett, de algún modo biógrafo del Rey:

"Un varón del temperamento de Enrique, situado entre una esposa de cuarenta y un años y una doncella hechicera de diecinueve, por fuerza tiene que portarse como ya supondrá el lector. Se enamoró de los pies a la cabeza, conmovido hasta lo más profundo de sus entrañas, a tal extremo, que los sentimientos arrolladores provocados por Ana apartaron al Rey de la estabilizada ruta de su destino; le arrojaron a corrientes de una violencia jamás sospechada por él, absorbiendo su voluntad en desconcertantes remolinos que alteraron más tarde todo el curso de la nación".

Sin que los amantes terminaran de percibirlo, se avecinaban tiempos tormentosos.

La ruptura con el Vaticano

El cardenal Williams Warham se había convertido en arzobispo de Canterbury cinco años antes de que Enrique VIII fuera coronado rey de Inglaterra. Doctorado en leyes en la Universidad de Oxford y especialista en relaciones internacionales, Warham había cumplido un rol preponderante como canciller de Enrique VII, y era uno de los príncipes de la Iglesia más respetados por el Vaticano.

La llegada al trono de Enrique VIII y la influencia que sobre éste ejercía Thomas Wolsey le hicieron perder posiciones dentro de la cancillería real, pero continuó reteniendo el poderoso arzobispado de Canterbury, clave en la jerarquía clerical.

Hacia 1525, cuando el Rey decidió que la anulación del matrimonio con Catalina era el único camino que habría de permitirle tener un heredero varón, Warham colaboró con Wolsey en la tarea de buscar los resquicios jurídico-eclesiásticos que le posibilitaran al monarca desembarazarse de Catalina de Aragón. Incluso encabezó una de las misiones que visitó a Clemente con el mismo objetivo.

Sin embargo, en el otoño de 1530, el arzobispo ya no integraba el grupo que procuraba liberar al Rey de su matrimonio. Tras la caída de Wolsey y el pronunciamiento del pontífice, Warham supo que los caminos que se disponía a ensayar el nuevo secretario de Estado poco tenían que ver con su convencida subordinación al poder papal.

No era el único cardenal que no estaba dispuesto a embarcarse en la aventura reformista. John Fisher, obispo de Rochester; Henry Standish, obispo de St. Asaph; y Jorge de Ateca, obispo de Llandaff, encabezaban la resistencia y apoyaban a Catalina.

Ya Fisher, el teólogo más prestigioso de Inglaterra, había afirmado que el único camino para que se declarase nulo el matrimonio era probar que el Levítico prohibía expresamente el matrimonio de un hombre con la mujer de su hermano en cualquier circunstancia, o sea, vivo o muerto el marido, cosa que, claramente, no existía. Sin tal expresa prohibición, la Bula de Julio II era legítima.

La tarde en que Thomas Cromwell le propuso al Rey que se convirtiera en la cabeza de la Iglesia en Inglaterra, desconociendo el poder vaticano, a Enrique lo invadió todo tipo de recuerdos y contradicciones.

Tenía aún muy frescos en la memoria los días en que junto a su amigo Tomás Moro habían preparado aquel documento en el que refutaban duramente las posturas de Lutero. El documento salió con la firma de Enrique VIII y muy pronto León X, el pontífice de entonces, lo nombró Defensor de la Fe.

"La defensa de los Siete Sacramentos", que así se titulaba el trabajo, abogaba por la supremacía del Papa y las prerrogativas que su reinado le concedía. Era el año 1521, la Iglesia se disponía a excomulgar a Lutero y el Rey no imaginaba aún de qué manera tan categórica su corazón haría claudicar sus profundas convicciones religiosas.

Sin embargo, cuando Cromwell habló de la Reforma, de la supremacía del Rey por sobre el Papa y de las inmensas riquezas del clero que irían a parar a las arcas reales, Enrique olvidó la defensa de los sacramentos y autorizó a su secretario de Estado a poner manos a la obra. Sin ahorrar calificativos, la historiadora María Jesús Pérez Martín dibuja el panorama que, tal vez, le pintó Cromwell al Rey:

"… se sometería al clero, los bienes monásticos serían expropiados y los de la Iglesia sufrirían graves quebrantos. La autoridad papal, rechazada y vilipendiada, se sustituiría por una monarquía con atribuciones espirituales, reguladora con el Parlamento de la doctrina y la conciencia de los súbditos ingleses: quienes no se doblegaran soportarían la infamante condena de traición…".

Curiosamente, cinco años antes, en ocasión en que la pequeña María Tudor, la primogénita del Rey, partiera hacia Ludlow Castle en su nueva condición de princesa de Gales, Catalina le había escrito a su hija:

"No seas precipitada al dar tu palabra; porque la palabra, una vez dada, tienes que guardarla, aunque resulte dura y perjudicial para ti. La palabra de los príncipes es su garantía. No escatimes tus oraciones ni ninguna obligación que le debas a Dios. Él es el Primero; el rey después, pero sólo después de Dios".

Ahora, Enrique VIII había decidido hacer realidad aquellas palabras de la Reina. Eliminada la intermediación papal, él estaba por debajo de Dios, pero inmediatamente.

El cisma había comenzado.

El trigo y la cizaña

Con la venia real y sus redes prolijamente extendidas por toda Inglaterra, Thomas Cromwell comenzó su tarea de "purificación" clerical. Antes que nada era preciso hacer desaparecer físicamente a los mayores exponentes de la Iglesia Católica y el poder pontificio en el Reino: Wolsey, Warham y Fisher, el mayor aliado de la Reina.

El antiguo canciller, recluido en el York Place, un palacio del arzobispado de York, había cometido un nuevo error de cálculo en su ingenua pretensión de volver a ganar el favor de Rey: se contactó con franceses y españoles para que apoyaran sus ambiciones de regresar a la vera del Rey.

Descubierta la maniobra por los espías de Cromwell, el primer día de noviembre de 1530, el joven Percy, al frente de una guardia real, partió hacia York para arrestar al cardenal bajo el cargo de intrigar contra el Reino para tratar de recuperar sus propiedades. El destino que le aguardaba era la muerte.

A los 60 años de edad, débil, asolado por la humillación, la angustia y la brutalidad de Percy durante el arresto, Thomas Wolsey murió en Leicester Abbey, pocos kilómetros antes de llegar a Londres. Dicen, quienes estaban junto a su lecho, que antes de expirar el cardenal dijo:

"Si hubiera servido a Dios con tanta diligencia como lo hice con el Rey, Él no me hubiera abandonado en mi vejez".

Es difícil saber qué impulsó al cardenal a buscar el favor de Francisco y luego de Carlos, que si bien mantenían diferencias con Enrique, no parecían dispuestos a fastidiar al rey de Inglaterra. Acaso supuso que, enterada la Reina de sus requerimientos, el proverbial carácter misericordioso de Catalina la empujaría a pedir por él ante los embajadores españoles, y que Carlos laudase a su favor. Imposible saberlo.

La muerte de Wolsey le quitó a Cromwell del camino a una figura que, aun en el ostracismo, suponía una amenaza para un plan que exigiría tiempo y fidelidades, mercancía escasa en la corte de Londres.

Deshacerse de Walham y Fisher sería, en cambio, más complicado.

El poderoso arzobispado de Canterbury era una pieza crucial para disciplinar al credo en la aceptación de la reforma que el secretario pretendía hacerle votar al Parlamento. Y si bien el anciano arzobispo Walham difícilmente se pusiese al frente de una resuelta clerical, tampoco daría su consentimiento.

El caso de John Fisher era diferente. Este obispo, vinculado entrañablemente con la Reina, no sólo lideraba a sacerdotes y obispos papistas, sino que proclamaba incansablemente la unidad de la Iglesia a la que la reforma haría añicos. La militancia de Fisher encrespaba las aguas, aun dentro del pueblo, y el riesgo de una revuelta religiosa no podía permitirse.

Respecto de Walham, poco podía hacerse más que aislarlo y esperar su pronta muerte. Ya había un reemplazante para él: se llamaba Thomas Cranmer, un clérigo luterano que respondía ciegamente al secretario de Estado.

Secretos del pasado

Los días de deportes, cacerías, cabalgatas y largos viajes se habían terminado para los varones de la corte de Inglaterra. Diciembre llegó anticipando otro invierno crudo y desapacible, por lo que los leños encendidos días y noche, los gruesos trajes, los abrigos de piel y las peores intrigas reemplazaron las caminatas por los jardines del palacio y las cabalgatas románticas a orillas del Támesis.

Llegaron los tiempos en que los temores de Thomas y Jorge Bolena se convirtieron en una dramática realidad frente a los misteriosos ojos negros de la *Petite Boleyn*.

El curso de los acontecimientos ya no dejaba dudas respecto de la decisión real de convertir a Ana en la nueva soberana de Inglaterra, y muchos nobles de la corte creyeron que la hora de propiciar su caída había llegado.

El duque de Suffolk, entrañable amigo del Rey y esposo de su hermana María era efectivamente, como lo había calculado Thomas Bolena, el enemigo más temible de su pequeña Ana. Compañero de justas deportivas, de comilonas y borracheras e íntimo confidente de Enrique desde la adolescencia, Brandon era un hombre que ni temía la ira del Rey ni medía las consecuencias de sus propios actos. El casamiento secreto con María, a sabiendas de que el monarca trinaría de furia, probaba el desenfado de alguien profundamente convencido de que, hiciera lo que hiciese, el Rey siempre acabaría perdonándolo.

La noche anterior a la mañana en la que el duque entró a la sala donde Enrique firmaba decretos reales, Ana Bolena, empujada por uno de los brotes de soberbia que le eran habituales, había tratado a Brandon como si no fuera más que un sirviente de la corte. El duque no reaccionó en ese momento merced a su esposa, que se lo impidió, pero decidió adelantar el golpe que tenía planeado contra "la ramera del rey".

Con lujo de detalles, Brandon le contó a Enrique sobre el fogoso romance de Bolena con Wyatt, sobre las incursiones del poeta en la habitación de la muchacha y sobre el contrato prematrimonial que habían firmado con Percy.

El Rey primero contrajo el gesto con dureza, y luego estalló en una furia tal, que si no hubiese sido el duque de Suffolk quien estaba frente a él, lo habría mandado degollar de inmediato.

Sin embargo, la cólera tenía razones bastante diferentes a una supuesta ofensa proferida a su amada. Enrique jamás se había terminado de convencer de la virginidad de Ana. Aunque prefería hacer oídos sordos al respecto, los rumores en la corte se multiplicaban y a veces le resultaba imposible no escucharlos. Susurrados, por lo bajo, entre sonrisas maliciosas, aquéllos corrían como una larga lengua venenosa por los pasillos palaciegos.

No quería creerlos, no podía creerlos; estaba jugando la estabilidad de su reino por el amor de esa muchacha, se disponía a separarse del Vaticano por ella y le resultaba inaceptable que todo eso fuera por una ramera que ya había calentado el lecho de otros hombres.

Enrique llevó la mano a la cintura, extrajo el pequeño puñal decorado con rubíes que siempre llevaba encima y lo apoyó sobre el cuello de Suffolk. Rojo de ira, le informó que estaba despedido de la corte, y que si no fuera por la larga amistad que los unía, lo hubiese matado con sus propias manos.

Charles Brandon se quedó mirándolo, con decepción, durante un instante. Luego apartó el puñal de su cuello, giró sobre sus talones y se marchó sin decir palabra.

El portazo estalló tras la esbelta figura del duque, corroborándole a los fisgones de la corte que algo grave había pasado entre él y el Rey, y que Ana no era ajena a la controversia.

La grieta en el cristal

Fue el duque de Norfolk el primero en conocer los detalles de la áspera reunión. Lleno de furia, Brando le contó que había sido expulsado de la corte por informarle al Rey que habría de coronar a una prostituta, y que ésa era su sobrina.

Norfolk no atinó a reaccionar como un caballero debió haberlo hecho en virtud de la ofensa proferida por Brando. Lo preocupaba más su propio futuro político en la corte que el insulto lanzado contra Ana con el que, de varias maneras, él coincidía.

Esa tarde, Jorge se reunió con su hermana y la puso al corriente de lo que había ocurrido. Era menester desacreditar las acusaciones del duque de Suffolk lo antes posible.

Al atardecer Ana pidió ver al Rey, que seguía imbuido en cuestiones de Estado. La amigable presencia de Thomas Cromwell le permitió acceder a Enrique y quedarse a solas con él. La *Petite Boleyn* había planeado una táctica que de inmediato llevó a la acción.

Quería contarle, le dijo al Rey, que siendo ella joven e inexperta Lord Percy intentó cortejarla e incluso asumir un compromiso mediante la firma de un contrato prematrimonial. Que ante su negativa y la de sus padres, el joven Percy insistió un tiempo más, pero luego abandonó la iniciativa. El rey debía saberlo, señaló, porque ella debía serle fiel hasta en los menores detalles, por más intrascendentes que fuesen.

Enrique la escuchó pensativo y al cabo de unos segundos preguntó por Wyatt. Él los había visto juntos en algunas veladas bailables celebradas en la corte.

El poeta no era más que un buen amigo de su padre, se defendió Ana, y para ella apenas algo así como un hermano mayor. Con un mohín perfectamente estudiado, la muchacha bajó los párpados dando a entender lo humillada que se sentía ante las dudas del Rey.

A Enrique, un hombre poco sofisticado en el arte de la seducción, aquella puesta en escena lo desarmó. El Rey cargaba sobre sus hombros la culpa de haber perpetrado una multitud de injusticias, como el ajusticiamiento del duque de Buckingham por ejemplo, y la actuación de Ana Bolena le hizo creer que una vez más estaba condenando a un inocente.

La abrazó, la besó y le renovó su confianza.

Años más tarde, los dramáticos acontecimientos que sobrevinieron demostrarían que la denuncia de Suffolk de aquella mañana había producido en el Rey una fina grieta en ese delicado cristal que es el amor entre un hombre y una mujer.

Capítulo V
Un rey contra el mundo

*E*n la primavera de 1531, Ana Bolena decidió ir a fondo con su reclamo de que Catalina de Aragón no siguiera en la corte. La presencia de la Reina la convertía de manera elocuente en la segunda, en la concubina o en "la ramera del rey", como sostenían sus enemigos. Catalina, por supuesto, no se privaba de sus habituales paseos fuera de palacio para ser vitoreada por el pueblo, mientras repartía monedas, acariciaba cabezas infantiles y alargaba su mano para que la gente la besara. Según María Jesús Pérez Martín:

"Era, exactamente, lo que temía Ana Bolena y lo que procuraría evitar a toda costa, alarmada, además, por la popularidad de la Reina. *Cathryn la Fidéle* comenzó a cantarse en la corte, por las calles de Londres y luego por todo el Reino, mientras ella recibía los mayores insultos y desprecios".

Dócil y obediente ante su marido, la Reina no era, sin embargo, ni ingenua ni poco inteligente. Soportaba el dolor y la humillación con estoicismo, pero no ignoraba que, al mismo tiempo, su rol de víctima hacía crecer el amor de su pueblo por ella, tanto como el respeto de ciertos nobles que no aprobaban la conducta de Enrique.

El Rey comprendía el fastidio de su amada, pero además valoraba los daños políticos que expulsar a la Reina del palacio habría de producirle. Había intentando una y otra vez que la propia Catalina renunciase a su condición regia, siempre sin suerte. Y ahora se hallaba en un callejón sin salida. Con su esposa en el palacio, la figura de Bolena se deterioraba día a día.

Decidido a tomar el toro por las astas, el Rey se reunió una tarde con su secretario de Estado para elaborar una estrategia definitiva respecto de la Causa Real.

Los planes contra Catalina

Cromwell tenía una estrategia. Se trataba de elevar al Parlamento una ley que él llamaba "de Supremacía", o sea, había que forzar a los legisladores a que votaran una resolución según la cual, tanto en materia política como religiosa, nadie estaba por encima del poder del Rey, ni siquiera el Papa. Enrique se convertiría automáticamente en el jefe supremo de la Iglesia Católica en Inglaterra y, a partir de entonces, él y sólo él sería quien decidiese sobre casamientos y divorcios a lo largo y a lo ancho del Reino.

En ese marco, le explicó Cromwell, al monarca le asistía el derecho de desembarazarse de su esposa. Preparar y hacer votar la ley no sería un trámite rápido, pero confinar a Catalina lejos del palacio supondría un primer mensaje categórico para quienes luego tendrían que votar, y por qué no, para el pueblo todo.

Enrique quedó bastante conforme con la lógica política de su secretario. Pero Cromwell, sabiendo de la religiosidad del Rey, tenía preparado el golpe de gracia: en ese mismo momento le presentó al ya mencionado Thomas Cranmer, un clérigo de Cambridge, respetado profesor de Teología y profundo conocedor de Derecho Canónico. Hasta ese instante Cranmer jamás había estado en la corte, pero conocía a la perfección la Causa Real.

Dice de él Francis Hackett:

"Cranmer era, desde luego, un hombre sumamente hábil. No obstante hallarse alejado de la corte y entregado por completo a sus ocupaciones como profesor, había pensado mucho en todos los asuntos relacionados con la política de la Iglesia y, como muchos hombres de Cambridge, había estudiado el luteranismo con interés bastante para que sus opiniones privadas rebasaran los límites impuestos a su profesión sacerdotal. Cranmer era de una época posterior a Wolsey [...] A juicio de Cranmer, una opinión pública bien encauzada podría oponer una enorme resistencia a la fuerza pontificia".

El Rey quedó inmediatamente deslumbrado con aquel hombre de baja estatura, mirada serena y opiniones maduradas y consistentes. Ahora, Enrique terminaba de comprender la lógica política de su secretario y la importancia del confinamiento de su esposa. Una "opinión pública bien encauzada", de eso se trataba.

Adversarios y enemigos

Al día siguiente, Catalina de Aragón recibió en su recámara a dos enviados del Rey. Le informaron que Su Majestad había decidido el traslado de la reina al castillo situado en el pequeño poblado de Ampthill. Debía llevar todas sus pertenencias y podía ser acompañada por sus sirvientes y sus damas.

Para Catalina, aquél fue el primero de una serie de golpes brutales que habrían de sucederse a partir de entonces. Hasta el momento, Enrique se había conformado con humillarla y requerirle de distintas maneras que le concediera el divorcio. Ahora la expulsaba de la corte, con lo que su Corona quedaba reducida exclusivamente a formalidades jurídicas.

Una lluviosa mañana de primavera, la Reina recorrió el camino que mediaba entre sus habitaciones y el coche que la aguardaba en los jardines del palacio. Sirvientes y hasta nobles de bajo rango se reunieron bajo la lluvia para despedir a esa española que un día de junio de 1509 había sido coronada reina de Inglaterra. Aquella muchacha de 23 años, cinco más que el Rey, había conquistado desde entonces el corazón de los británicos. El propio Sir Tomás Moro, al verla por primera vez, dijo:

"Creed en mi palabra, encantó el corazón de todos […] posee todas las cualidades que constituyen la belleza de una jovencita encantadora. En todas partes recibe las mayores alabanzas".

Cuando la comitiva real se puso en marcha, también la historia de Inglaterra y de la Iglesia Católica comenzó a traquetear un nuevo camino, tan impredecible y peligroso como el de la Reina.

En Ampthill ("hormiguero"), una pequeña villa al este de Inglaterra, en la ciudad de Bedfordshire, Catalina se transformaría en una suerte de ícono de la antirreforma religiosa que se venía.

El Castillo de Ampthill, al que Enrique solía ir con frecuencia cuando necesitaba alejarse de los ruidos y las intrigas de Greenwich, pasaría a ser el centro de una oposición silenciosa pero persistente.

Ana Bolena vivió el confinamiento de la Reina como una suerte de categórico triunfo personal; y lo era de alguna forma. Sin la presencia de la española en el palacio se hacía innecesario cubrir determinadas apariencias y, además, su rol como futura consorte del monarca se volvía más preponderante.

Pronto Ana tuvo sus propias habitaciones y el personal de la corte comenzó a tratarla como la futura reina de Inglaterra. Ana contaba también con el respeto y apoyo del ahora poderoso Thomas Cromwell.

Sin embargo, la nueva posición en la que ella quedó ya no dejaba dudas respecto de su futuro, y la multitud de enemigos que la rodeaban pusieron manos a la obra.

En ningún momento desde que fuera elegida por el Eey, la *Petite Boleyn* había dejado de exhibir ese desagradable rasgo de soberbia que la caracterizaba. Por eso, hasta su propio tío coqueteaba con la idea de pasarse al bando de los adversarios.

Había, empero, una enemiga a la que Ana apenas consideraba y que se transformaría en la más peligrosa de todos: Jane Parker, la esposa de su hermano Jorge. El matrimonio entre ambos se había convertido en un calvario y Jane responsabilizaba a Ana por la indiferencia que Jorge le había prodigado casi desde el comienzo; la heredera del barón de Morley estaba convencida de que su marido era uno de los amantes de la pequeña Bolena.

El león y su fuerza

La expulsión de Catalina de Aragón de la corte inglesa y el poder que rápidamente adquirió Thomas Cromwell como secretario de Estado constituyeron una clara señal de alarma para algunos hombres que rodeaban al Rey. Tomás Moro fue uno de ellos. El Acta de Supremacía que Cromwell se proponía hacer votar por el Parlamento era una línea divisoria que el canciller no estaba dispuesto a cruzar.

Moro no ignoraba que la corrupción que envolvía a la Iglesia Católica debía ser removida para evitar que la Santa Madre se transformara en una institución cadavérica. Pero disentía con Lutero y Zwinglio respecto de vaciar de poder al Papa.

La tarde de finales de 1531 en que Tomás Moro se enteró por boca del propio Enrique de los planes que trazaba junto a su secretario, supo que no podía seguir trabajando como funcionario del Rey. La ambición de Cromwell por llevar adelante su reforma luterana y la necesidad del monarca de obtener el divorcio de la Reina ponían a Inglaterra al borde de arrasar con la Iglesia en el Reino y de, según creía Moro, disparar una revuelta religiosa de imprevisibles consecuencias.

Muy pronto el canciller había desentrañado los costados más oscuros de la personalidad de Cromwell. El abogado tenía escasos principios morales y su dignidad estaba sólo en función de su apetito de poder.

Por ello, poco después de asumir Cromwell como secretario de Estado, Moro le había hecho, por escrito, una recomendación que consideraba crucial:

"Maestro Cromwell, habéis entrado al servicio de un príncipe noble, sabio y liberal; si os dignáis aceptar mis pobres consejos, decidle siempre lo que debe, y no lo que es capaz de hacer. De este modo demostraréis que sois un servidor leal y un consejero apreciable. Pues si el león conociera su propia fuerza, difícilmente podría el hombre manejarle".

Desde luego, poco caso hizo el abogado de las palabras del canciller. Cromwell procuraba satisfacer los deseos del monarca y de Ana, porque así podría llevar adelante su reforma religiosa y su posicionamiento en lo más alto de la corte, por debajo del Rey.

Hacia finales de ese año, cruzado por permanentes rumores de una posible guerra con España, Moro estaba terminando de escribir *Refutación de la respuesta de Tyndale* (Tyndale era un sacerdote que criticaba con dureza al clero y quería traducir el Nuevo Testamento al inglés, cosa que estaba prohibida por la Iglesia) y se proponía comenzar un trabajo en contra de luteranismo.

Era el momento para renunciar a su cargo y comenzar de una buena vez lo que tanto había anhelado: retirarse a la serenidad de su residencia en Chelsea y dedicar todo su tiempo a estudiar, reflexionar, orar y escribir.

En vísperas de las navidades, Tomás Moro encontró por fin la ocasión de hablar sobre su retiro con Enrique.

Un mediodía en que el monarca bebía plácidamente una copa de vino antes del almuerzo y el canciller había terminado de exponer su visión respecto de la política exterior de Carlos V, el rey le recordó a Tomás Moro aquellos momentos de largas charlas que habían tenido cuando él, un muchacho todavía, se sentó en el trono de Inglaterra.

Efectivamente, el autor de *Utopía* había sido el gran maestro del rey británico. Dice William Roper, uno de los biógrafos de Moro:

"Cuando el Rey había concluido sus devociones, le hacía llamar a sus habitaciones privadas y conversaban sobre astronomía, geometría, teología y otras ciencias, y a veces de los asuntos del mundo. Otras veces lo hacía subir con él al tejado para observar juntos las variaciones, trayectorias y movimientos de las estrellas y los planetas".

Pero ese mediodía, Moro no estaba para recordar tiempos idos. Imposibilitado de enunciarle las verdaderas razones de su decisión, el erudito adujo fatiga, una salud que comenzaba a flaquear y su deseo siempre postergado de dedicarse por entero a la meditación y la escritura.

Luego de varios intentos de torcer la decisión, Enrique autorizó la renuncia de Moro a condición de que lo acompañara al menos cuatro meses más, para que pudiera buscar con calma quiéen lo sucediese.

En lo profundo de su corazón, el Rey sabía cuáles eran los verdaderos motivos que impulsaban a su maestro. Pero al mismo tiempo descontaba que Moro jamás se pondría en su contra por más retirado que estuviese.

El 16 de mayo de 1532, Moro, según escribe el pedagogo Keith Watson:

"... dimitió a su cargo, esperando que podría vivir una vida tranquila con su familia y sus libros. Pero eso no le estaría permitido, al menos por mucho tiempo, puesto que Enrique estaba decidido a obtener su apoyo, convencido de que su aprobación sería una garantía del éxito de su empresa".

Enrique VIII estaba iniciando un nuevo error, que no haría más que profundizar en el futuro. Y las trágicas consecuencias de la equivocación a la que lo llevarían los consejos de Cromwell, el obstinado resentimiento de Ana y su propia ceguera provocada por la ira lo acompañarían como una culpa lacerante hasta el fin de sus días. Se dice que el nombre de Tomás Moro fue el último sonido que salió de la boca del Rey antes de la muerte.

Watson, en su artículo, reproduce una carta de Erasmo, maestro y amigo de Moro, en la que lo define:

"Su fisonomía se corresponde con su carácter, siempre afable y amistosamente alegre; sus facciones suelen ser sonrientes y, a decir la verdad, más aptas para la diversión que para la seriedad y la solemnidad, aunque muy distantes de la necedad y la payasada [...] En la relación social es de tan extremada cortesía y encanto que no hay ningún hombre melancólico que no sepa alegrar, ni tema tan aburrido que él no sea capaz de animar...".

Ese hombre fue el que aquel mediodía se despidió del Rey, creyendo que en pocos meses comenzaría una nueva vida.

Título, renta y joyas

Todo parecía congelado en Europa al terminar el invierno de 1532. La amenaza turca en Hungría había logrado que Carlos V olvidase el dilema matrimonial de su tía con Enrique VIII y se abocara casi exclusivamente a preparar una reacción militar para el caso en que la amenaza se transformase en acto.

Clemente VII, si bien había dado todos los indicios de lo que habría de ser su decisión en la espinosa Cuestión Real, no emitía aún una sentencia definitiva, atenazado por los argumentos teológicos y jurídicos que sin solución de continuidad desplegaban los dos bandos en pugna.

Enrique, por su parte, libre de Catalina y de su hija María, a la que había enviado a Richmond como otra forma de satisfacer los deseos de Ana, se disponía a saltar las barreras "legales" que levantaba la Iglesia y casarse con la *Petite Boleyn*. Largamente había hablado del asunto con Cromwell y Cranmer, y ninguno veía riesgos concretos.

A la defensiva, el clero inglés estaba más preocupado por conservar las riquezas que se habían salvado de las confiscaciones que Thomas Cromwell venía llevando a cabo desde hacía más de un año, y el Parlamento, remiso en un primer momento a votar las leyes encaminadas a quitarle poder al Vaticano, parecía rendirse sin dar demasiada pelea.

Dice el historiador estadounidense Garret Mattingly:

"El primer paso de la campaña de Cromwell fue la famosa 'Súplica de los Comunes contra los Ordinarios', que una diputación de la Cámara Baja presentó al Rey no mucho después de que el Parlamento volviera a reunirse en enero de 1532. En ella los Comunes se quejaban de las tasas excesivas de los tribunales eclesiásticos, de sus retrasos, de su corrupción y parcialidad, en particular en los casos de herejía, y de otros abusos eclesiásticos a los que suplicaban que se pusiera remedio".

El último elemento que necesitaba el Rey para materializar su nuevo matrimonio era el apoyo de alguno de los principales monarcas europeos. El hombre clave era Francisco I de Francia.

Pero antes de la visita al rey galo, Enrique necesitaba que su futura esposa ingresara definitivamente a la alta nobleza británica. El objetivo del Rey era que Ana Bolena lo acompañase oficialmente, como su prometida, a la reunión que celebrase con Francisco.

Así, el 1 de septiembre de ese año, el monarca le concedió a Ana el título de marquesa de Pembroke, junto con una renta anual de mil libras. Era lo último que faltaba para que la familia Bolena pasase a ser la que más prebendas había obtenido del Rey en los últimos dos años.

Algunos días después de haber ungido marquesa a Ana, Enrique envió una comitiva a Ampthill con el objetivo de rescatar para su futura esposa las joyas que, generación tras generación, habían lucido las reinas de Inglaterra.

La disputa con Catalina fue agria, y durante un buen rato la soberana se resistió a entregarlas. Sin embargo, la Reina ya no estaba en situación de desairar los deseos de su esposo. Imaginó, además, que si el último finísimo hilo que la vinculaba aún con su marido se rompía, se esfumaría también la remotísima esperanza de regresar a la corte. Enrique podía llegar a cansarse de Bolena incluso en el último momento. Lo que en cambio no haría el Rey sería perdonar la ofensa de que se lo desobedeciese públicamente.

A media tarde, las joyas partieron hacia el palacio de Greenwich, para que Ana pudiese lucirlas en el futuro encuentro con el rey de Francia. Era, a juicio de Enrique, la mejor demostración que podía hacerle a Francisco de que su decisión de desposar a la muchacha no tenía vuelta atrás.

Persona no grata

La noticia de que el rey de Inglaterra viajaría a Francia acompañado por la *Petite Boleyn* en carácter de prometida real pronto voló por toda la corte. Para muchos de los nobles era la peor novedad que podían haber recibido.

Varios de ellos deberían integrar la comitiva acompañados por sus esposas, y aquello significaba admitir a "la ramera del rey" como la nueva soberana sin que se hubiese concretado el divorcio de Catalina.

Tampoco en Francia la noticia tuvo buena acogida. Francisco mantenía relaciones cordiales con el Vaticano y no estaba dispuesto a modificar dicho *statu quo*, por lo que recibir a Ana Bolena como futura reina de Inglaterra era desafiar a Clemente VII y también a Carlos V.

De inmediato, y descontando la comprensión política del británico, Francisco le hizo saber que le resultaba imposible tributarle el protocolar recibimiento con todos los honores si llegaba acompañado por Bolena. Le propuso que se vieran ellos dos solos en Boulogne, y luego marchasen a Calais, donde debía esperar su prometida. Él se ocuparía de que una comitiva de caballeros y damas francesas los acompañaran.

El arranque de ira que le produjo a Enrique la propuesta del rey de Francia no le impidió ver que, tal como estaban las cosas, ni Francisco ni ningún príncipe europeo le daría a Bolena el lugar que él pretendía asignarle. Al menos mientras no estuviesen casados.

Lejos había quedado aquel primer encuentro de los monarcas cerca de Ardres, en 1520, cuando pusieron fin a las luchas entre ambos Reinos. Al lugar y al acontecimiento se los había conocido como Campo del Paño de Oro por el lujo, el refinamiento y la cantidad de dinero que le insumieron a ambas cortes las jornadas de fiestas, bailes y comidas compartidas.

Deliberadamente la reunión se había llevado a cabo en la campiña francesa, a pocos kilómetros de las costas de Gran Bretaña y más aún de sus fronteras continentales de entonces.

Por ello, las cortes debieron alojarse en tiendas suntuosamente acondicionadas para los Reyes y cortesanos. Jamás había vuelto a verse algo parecido.

Ahora, nada era como entonces. Sólo la necesidad política empujaba este encuentro. Apunta Mattingly:

"El tiempo los había desgastado a los dos, y si realmente no los había hecho más sensatos, los había hecho más intranquilos y más cautos. Todavía no se gustaban y desconfiaban el uno del otro, pero ahora ambos temían al Emperador y, al necesitarse mutuamente, enmascaraban su aversión maravillosamente bien".

Por eso Enrique apagó su furia con una enorme copa de vino, y se dispuso a cumplir con el programa preparado por el rey de Francia. Sabía, además, que tampoco le resultaría fácil reunir a una comitiva británica sin tener que presionarlos para que lo acompañaran. El amor tenía sus costos.

Por fin, en octubre de 1532 una nutrida comitiva real partió con rumbo a Calais. La novedad era que casi no había mujeres entre los nobles que acompañaron al Rey y a su prometida. Duques, barones y vizcondes habían tenido poca elección y por eso estaban allí. Sus esposas, sin embargo, pudieron sortear el convite.

Tampoco la elección de los verdes prados de Calais fue casual. La comarca, por entonces, seguía perteneciendo a Inglaterra, por lo que la reunión a la que asistiría Francisco no se realizaba en Francia.

Sin Ana Bolena, Enrique VIII marchó a Boulogne para entrevistarse con el monarca galo. Debían hablar de una estrategia común para evitar el avance político del emperador Carlos V y del apoyo que dos cardenales franceses darían a la Causa Real frente al Papa. Cuatro días más tarde, todos estaban de regreso en la campiña británica. Francisco había cumplido su palabra: una comitiva de damas francesas marchaba junto al Rey hacia Calais. Ninguna resaltaba por su buena reputación.

Otro pastor deja el rebaño

Dos meses antes de la presentación oficial de Ana Bolena como prometida del Rey frente a los franceses, la Providencia había completado el plan de Cromwell para avanzar definitivamente con la reforma religiosa y asegurar el divorcio de su rey. El 22 de agosto, a la edad de 82 años, murió William Warham, arzobispo de Canterbury y último obstáculo para disciplinar al clero detrás del luteranismo.

Formado como abogado en las universidades de Oxford y Londres, Warham había sido un súbdito fiel de los Tudor. Él organizó el casamiento de Arturo con Catalina de Aragón bajo el reinado de Enrique VII, y también él casó a la joven viuda española con Enrique VIII.

Disciplinado y poco afecto a interpelar los deseos reales, el arzobispo había hecho todo lo posible para satisfacer la demanda de divorcio de Enrique, incluso hablar en su favor frente al Papa.

Sin embargo, cuando la controversia llegó al punto en que debía subordinar la autoridad papal a la del rey, el arzobispo de Canterbury consideró que ése era un límite que no podía trasponer.

Sin fortuna, sin brillo y habiendo hecho todo lo posible para conformar al impetuoso monarca inglés, Warham murió privado del reconocimiento que hubiera merecido.

Días antes de abandonar este mundo, el arzobispo había escrito una carta que, si bien procuraba justificar una decisión por la cual se lo pretendía acusar de alta traición, sería su verdadero testamento:

"No pretendía nada contra Su Alteza el Rey, solamente trato de hacer aquello a lo que estoy obligado por las leyes de Dios y de la Santa Iglesia, por mis órdenes, y por el juramento que hice cuando profesé...".

La noticia, que voló de Canterbury a Greenwich, habilitó a Cromwell para llevar a cabo el movimiento que le faltaba: ungir a Thomas Cranmer como nuevo titular del arzobispado.

El 1 de octubre de ese año, el diplomático de Cambridge recibió la noticia en Mantua, Italia, donde se encontraba. Se le informaba del nombramiento y se le ordenaba regresar a Inglaterra inmediatamente. Cranmer sabía lo dura que habría de ser la tarea que le aguardaba, y no se equivocó. Su nombre quedaría vinculado para siempre a la fundación de la Iglesia Anglicana en el Reino Unido.

Como en el caso de Wolsey, la muerte llegó para librar a Warham de un final miserable e indigno. Se lo estaba acusando también de *praemunire* por haber confirmado en su cargo al obispo de St. Asaph antes de que las bulas papales fuesen aprobadas por el Rey, un artilugio técnico y poco sustentable, propio de las urgencias de Cromwell. El Rey deseaba desposar a Ana Bolena al año siguiente y el anciano arzobispo, se sabía, no estaba dispuesto a convalidar un matrimonio que no había aceptado el Papa.

Lo cierto es que la desaparición física del arzobispo de Canterbury llegó como maná de cielo para los protagonistas principales de la Cuestión Real: Enrique, Cromwell, buena parte del alto clero que ya no quería seguir pulseando con el Rey y, por supuesto, Ana Bolena.

Cada actor en su sitio

Muerto Warham, el matrimonio real, con la ceremonia y los honores correspondientes, estaba al alcance de la mano. Y el dato significativo lo aporta nuevamente Garret Mattingly:

"Así al menos lo debe haber calculado Ana, porque finalmente accedió a entregarse a su impaciente amante. La pasión satisfecha serviría para tener agarrado a Enrique durante los pocos meses que quedaban, ya que la pasión denegada la había mantenido en suspenso durante más de seis años".

Ana Bolena daba una nueva muestra de la enorme capacidad que tenía para calcular sus movimientos respecto de las exigencias reales.

Obtener, y con premura, la bula papal para la consagración de Cranmer no fue una tarea difícil. La presión de cardenales y teólogos prestigiosos sobre un Clemente VII dubitativo y temeroso dieron sus frutos. El Papa accedió, ignorando que firmaba el gran cisma de la Iglesia Católica.

Thomas Cranmer llegó a Londres los primeros días de enero de 1533, y apenas tuvo tiempo de desarmar su equipaje. Recién desembarcado debió marchar al palacio real convocado de urgencia por su mentor, Thomas Cromwell.

En la amplia sala con vista a los jardines que el ahora canciller y secretario de Estado utilizaba como lugar de trabajo, Cranmer escuchó obedientemente lo que se reclamaba de él. Debía renunciar a su juramento de reconocimiento del Papa como autoridad suprema de la Iglesia. En su lugar, tendría que admitir al Rey como cabeza de la Iglesia en Inglaterra.

El 26 de marzo, frente a un escribano y un grupo calificado de testigos, el nuevo arzobispo de Canterbury juró fidelidad al Rey frente al altar de la capilla del palacio de Westminster.

Cada artista estaba en su sitio y conocía al dedillo su parte del libreto. La función podía comenzar.

Capítulo VI
Mil enemigos y un vientre

*E*l 25 de enero de 1533, en el palacio de York, pocos días después de la llegada de Cranmer a Londres, Enrique VIII se casó con Ana Bolena, marquesa de Pembroke, en una ceremonia íntima y casi secreta celebrada por el sacerdote Rowland Lee.

Rodeados, apenas, por el entorno más íntimo, incluido el propio Cranmer, Ana y el Rey se unieron finalmente en matrimonio, desafiando a Roma y, de muchas maneras, a la opinión de los principales monarcas europeos.

Ana, que había graduado fogosidades y hielos con sabiduría, que había manejado el tiempo con una habilidad envidiable, ya estaba embarazada de cuatro meses.

No hay dudas de que el embarazo de la *Petite Boleyn* fue uno de los factores que impulsaron el casamiento. Pero no fue, sin embargo, el más importante.

Tras haber conseguido el objetivo de poseer sexualmente a la muchacha, Enrique pudo haber obviado el matrimonio, convirtiendo a Bolena en su amante y al futuro crío en bastardo. Sin embargo, el enlace tenía para él un significado más profundo: ya había tomado la decisión de romper con el Vaticano y transformarse en la cabeza de la Iglesia británica. Se arriesgaba a la excomunión, lo que en aquel tiempo suponía que algún príncipe le declarara la guerra para tratar de hacer cumplir la condena papal; empero, ni el Rey ni sus asesores percibían esta posibilidad como factible. Francisco era ya su aliado, y Carlos V estaba más preocupado por el avance turco que por salvar la autoridad papal. Por otra parte, el Emperador ya había hecho gala de "flexibilidad" en Alemania ante la inminencia de una revuelta religiosa liderada por los luteranos.

Una unión sin boato

La boda fue austera y rápida. La Marquesa y el Rey guardaban toda la pompa para el momento de la coronación de Ana Bolena como nueva reina de Inglaterra.

Pese a lo recatado y secreto de la ceremonia, fue imposible que la noticia no se conociese entre quienes manejaban información privilegiada en la corte británica y fuera de ésta. Uno de ellos era Tomás Moro.

Cuando el ex canciller tomó conocimiento de la boda del Rey y del embarazo de Bolena, supo que tiempos turbulentos y sanguinarios estaban a punto de comenzar en Inglaterra. Conocía el pensamiento y la personalidad tanto de Enrique como de Cromwell y no dudaba que ambos harían lo que fuese necesario para legitimar todo aquello.

En opinión de Keith Watson, Moro no se oponía al divorcio y al nuevo matrimonio del rey, por lo que tanto uno como el otro significaban en sí mismos sino:

"… porque veía en ello un desafío directo a la autoridad del Papa […] Moro pensaba que Cristo era la cabeza de la Iglesia y que Enrique estaba usurpando el lugar del vicario de Cristo en la tierra, que era el Papa".

Aquel día, en su serena residencia de Chelsea, uno de los mayores pensadores del Renacimiento adivinó que sería ya muy difícil seguir manteniendo el precario equilibrio en el que se hallaban sus principios y la amistad con el Rey. No ignoraba que el Acta de Supremacía dejaría de ser un proyecto para transformarse en ley, y él no estaba dispuesto a acatarla.

Pero los plazos vertiginosos calculados por Moro no fueron tales.

Transformado en arzobispo de Canterbury por obra de las presiones, los engaños y la personalidad timorata de Clemente VII, Thomas Cranmer tenía una misión que cumplir. El 10 de mayo se declaró contumaz y trece días después dictaminó la nulidad del matrimonio entre Enrique VIII y Catalina de Aragón. Cinco días más tarde, validaba el nuevo enlace del monarca con Ana Bolena.

Pocas veces el catedrático de Cambridge había resuelto tantas cuestiones importantes en tan poco tiempo. Pero ésas eran las órdenes del Rey, y para que se cumplieran, Enrique había hecho la vista gorda a la vida conyugal del nuevo arzobispo, que introdujo secretamente a su mujer, la sobrina del reformador Osiander, en Londres. El Rey era un gran defensor del celibato, pero la tarea que estaba dispuesto a cumplir Cranmer bien valía la pena cerrar los ojos por un rato.

Hacia la corona

La coronación de Ana Bolena como nueva reina de Inglaterra era el último paso que debía darse para cerrar una cuestión que a Enrique le había llevado seis años de su vida.

Era el momento, porque nadie en Europa parecía dispuesto a interferir en los planes del monarca británico. La propia Catalina envió una desesperada misiva a su sobrino, Carlos I, imaginando de antemano la respuesta:

"Aunque sé que Vtra. Mtad. está comprometida en graves e importantes asuntos contra los turcos, no puedo dejar de importunaros sobre los míos, en los que casi igual ofensa se hace a Dios".

Pero al Emperador poco le importaba ya la suerte de su tía y la legalidad matrimonial de Enrique. Por otra parte, la arremetida de Cromwell contra las riquezas del alto clero y la corrupción y prebendas de los sacerdotes llanos convenció a cardenales y obispos de que si no se aferraban a la causa del canciller, no sería el Papa quien los libraría de la ruina.

Por eso, ante la Convocación hecha por Cranmer a los obispos para debatir la legitimidad del divorcio real, el resultado fue el previsible. Dice María Jesús Pérez Martín:

"De los congregados, doscientos cincuenta y tres votaron que el Papa no podía dispensar, contra diecinueve según los cuales sí podía. De estos últimos, cuatro serían mártires: John Fisher, el abad de Reading, Richard Fetherstone y Edward Powell".

El alto clero se había sometido finalmente a los designios de Thomas Cromwell, y los parlamentarios pronto lo harían. El gran cisma de la Iglesia Católica era ya un hecho irreversible.

La nueva reina

Pocos hubiesen podido prever que aquel baile de Navidad en que Enrique VIII quedó prendado de la muchacha de pelo y ojos negros, con aspecto de española llegaría hasta ese domingo 1 de junio de 1533, día de Pentecostés, en el que una nueva reina accedería a la Corona Británica por la vía de un cisma religioso y un hábil manejo de los apetitos sexuales del Rey.

Portando en su vientre el primer embarazo, adornada con las joyas que habían viajado de generación en generación, prendidas a las distintas reinas inglesas, y acompañada por una evidente repulsa popular, Ana Bolena vio llegar el día de su coronación en el viejo palacio de York, preguntándose cómo sería ahora el camino que le esperaba.

Sabía, desde ya, que si el ser que albergaba su vientre no era el anhelado heredero varón, nuevas espinas brotarían a su paso. Todo había sido demasiado arduo para poder llegar hasta allí, y a pesar de su juventud, un cansancio enorme pesaba sobre los hombros de la nueva reina. Para peor, Enrique había decidido no acompañarla en su recorrido; quería cederle todo el protagonismo. Novelando la escena, cuenta Evelyn Anthony:

"El sol brillaba y ella disponíase a ir a la abadía de Westminster para ser coronada reina de Inglaterra, pero el pueblo la odiaba, como ayer había tenido oportunidad de demostrarlo. Jamás olvidaría Ana aquella procesión desde la Torre. Fue idea de Enrique; que la viera el pueblo en toda su belleza y majestad y los cautivaría igual que ella lo había hecho con él. Fue un discurso muy galante, pero Ana no se engañaba".

Efectivamente, la bella muchacha seguía siendo para el pueblo "la ramera del rey". El amor que desde un primer momento los ingleses le habían profesado a Catalina de Aragón había aumentado considerablemente a partir de la victimización que Enrique hiciera de su esposa.

El historiador Garret Mattingly suma otra descripción de lo ocurrido aquel domingo de Pentecostés, con el que la *Petite Boleyn* había soñado durante seis largos años:

"… Ana Bolena recorrió las calles de Londres, rodeada de toda la pompa acostumbrada, pero vitoreada con un entusiasmo mucho menor que el habitual, para ser coronada como Reina de Inglaterra. Las calles Cornhill y Gracechurch estaban engalanadas con reposteros escarlata y púrpura, y en el Cheap una canalización vertió vino blanco y tinto durante toda esa tarde".

Casi no hubo cabezas descubiertas a su paso, ni deseos de que Dios guardase a la nueva reina. Tampoco alborozo y fanfarria, y el público que siguió a la soberana durante su tránsito hacia la abadía fue decididamente escaso. Sin embargo, pese a la hostilidad con la que el pueblo recibió a quien sería su nueva reina, los objetivos personales y políticos de los actores principales estaban cumplidos. Apunta con lucidez Mattingly:

"El pueblo podía quejarse, el Papa podía declarar su matrimonio nulo, impulsando a una inusitada cólera por las prisas de Cranmer, pero los nobles sin jefe eran como corderos delante de un león, y el Emperador, todo el mundo lo veía, estaba agradecido al dominio de sí misma de su tía y no estaba inclinado a moverse. La desorganizada oposición no hacía más que endurecer la vengativa determinación de Ana de lograr que su enemigos sintieran el aguijón de su triunfo".

Enrique VIII estaba ganando su propia batalla personal y, junto con ella, pariendo un hito fundamental en la historia de la Iglesia Católica. Sin embargo, pronto comenzaría a comprender que los costos del triunfo excedían con creces a los beneficios. En otro momento, en otra situación, con un Papa menos timorato que Clemente y sin las tropas turcas amenazando el imperio de Carlos I, el capricho podía haberle costado al monarca su propio Reino.

Río arriba

Pero las circunstancias eran las que eran, y cuando esa noche Ana navegó río arriba, desde Greenwich hasta el palacio de la Torre de Londres, montada en la barca que perteneciera a Catalina y acompañada por otras embarcaciones y curiosos que la observaban desde la orilla del

Támesis, ciertos personajes de la corte festejaron su propio triunfo. Los Bolena, por supuesto, pero Thomas Cromwell de manera especial. Dice Hackett al respecto:

"No obstante ser partidario de los Boleyn, Cromwell consideró el divorcio como algo de importancia secundaria, dentro de su plan general. Lo primero, para él, era desposeer a la Iglesia de Roma. Desde luego, era la persona indicada para lograr semejante objeto. No era tímido, no era supersticioso, no era escrupuloso, y consideraba, con razón, como unos haraganes a los hombres que durante años y más años habían engordado a costa de los prados obispales y los jardines abaciales de Inglaterra. Lo que más animaba a Cromwell era la despreciable debilidad del enemigo".

Todos habían jugado sus cartas y un tiempo nuevo comenzaba.

Para algunos llegaban días oscuros; para otros, el sol brillaba como nunca antes. Pero todos, los unos y los otros, dependían de esa frágil muchacha que debía cumplir con un pesado mandato: darle al rey un hijo varón.

En seis años, los varones Bolena, Jorge y Thomas habían logrado escalar hasta los suburbios de la cima del poder real; Norfolk los había acompañado. Sin embargo, el gran enemigo de la familia, el duque de Suffolk, ese querido amigo de Enrique, no caía en desgracia pese a los enojos que le provocaba al Rey. En paralelo, la relación marital entre Jorge y Jane se deterioraba sin pausa, y Jane le seguía adjudicando a Ana la responsabilidad por su fracaso. Suponía, como ya dijimos, que su esposo estaba enamorado de la *Petite Boleyn* y que incluso mantenía relaciones sexuales en secreto con ella.

No resultaba sencillo advertirlo aquel domingo de gloria, pero en esos dos factores anidaba el germen de la tragedia para Ana.

Por las buenas o...

Dos cuestiones ocupaban la mente del rey de Inglaterra luego de la coronación de Ana: que el vientre de su nueva esposa albergara, efectivamente, al hijo que habría de sucederlo sin conflicto en el trono británico y lograr que Catalina aceptase retirarse de su vida por propia voluntad con el título de "princesa viuda".

Atrincherada en su confinamiento, recibiendo secretamente a la oposición papista y agitando las aguas con su sobrino, el Emperador, quien seguía siendo la legítima reina para la mayoría de los príncipes europeos constituía una amenaza política potencial, que podía dañar la estabilidad del Reino en cualquier momento.

Pero la ira descontrolada que solía empujar a Enrique a acciones definitivas y crueles no estallaba cuando de Catalina se trataba. Pese a todo, su primera esposa había dejado una marca profunda en el alma y el corazón del Rey. Y aunque ya no le provocaba aquella pasión de los primeros años, le impedía llegar a los extremos a los que él estaba acostumbrado. También la política lo forzaba a practicar la mesura con ella.

Hacia mediados de julio, Enrique intentó un nuevo avance diplomático para quitar a Catalina de su camino. William Blont, Lord de Mountjoy, partió hacia Ampthill con la misión de convencer a la confinada Reina de que aceptara la propuesta de Enrique y la decisión de Cranmer.

Blont había sido Chamberlain de la Casa de la Reina y mantenía un excelente vínculo con ella.

Luego de recordar viejos y queridos tiempos, Mountjoy le informó que el Rey estaba dispuesto a concederle la renta y las propiedades que reclamase, y que además podría visitar a su hija María cuando quisiese.

Es posible que tamaña generosidad, junto con las buenas maneras de Mountjoy y una salud deteriorada que le mermaba fuerzas y exigía condiciones de vida más acogedoras, hayan hecho dudar a Catalina de Aragón. Sin embargo, su profunda religiosidad y la dolorosa sensación de injusticia que, ella creía, se estaba cometiendo contra su persona le arrancaron una negativa contundente. Nunca cedería a las vergonzosas propuestas que llegaban desde Greenwich, debió haberle dicho al enviado del Rey. Dos años antes, la Reina había escrito:

"El Papa es el único Soberano y Vicario de Dios que tiene poder para los asuntos espirituales, entre ellos los de mi matrimonio".

Seguía pensando lo mismo. Aquél fue el último intento diplomático que ensayó el Rey para convencer a la despojada Reina. A partir de entonces, Enrique le iría arrebatando una por una todas las prerrogativas de las que gozaba hasta entonces.

Altivez y temores

Tanto Catalina como sus aliados en la corte ya habían intentado todo lo que estaba a su alcance para detener la embestida real acicateada a diario por Ana Bolena. En abril, tres meses después de la boda y dos antes de la coronación, Chapuys, el embajador de Carlos I en la corte británica, le había requerido abiertamente al Emperador que invadiese Inglaterra argumentando que:

"Esta maldita Ana hará a la Reina y a la Princesa todo el mal que pueda. Se jacta de que algún día la Princesa formará parte de su séquito, y lo que ocurrirá es que algún día la envenenará o casará con un lacayo, entregando, además, todo este Reino a la herejía. La conquista del país será fácil. El Rey no cuenta con un ejército entrenado, y todos los nobles, excepto el de Norfolk y dos o tres más, están de vuestro lado. Que el Papa mande entorpecer el comercio, acicatee a los escoceses y envíe unos cuantos barcos y todo terminará enseguida. En ello no habrá injusticia, y sin ello Inglaterra se apartará de la Santa Fe y se hará luterana".

Mucho más extensa, la misiva dejaba pocas dudas respecto del clima que se vivía en la corte británica. Chapuys exageraba respecto del escaso apoyo que la nobleza le brindaba al Rey, pero, en todo caso, ignoraba un dato no menor: a los nobles opositores los guiaba mucho más el miedo que el enojo.

Al Emperador, desde luego, le preocupaban los turcos en Hungría y no la posibilidad de una Inglaterra luterana, por lo que debió de haber arrojado la carta a un cesto. Sin embargo, la misiva, con la firma del mismísimo embajador imperial, era toda una caracterización política del escozor que producía Ana Bolena en casi toda la corte.

La nueva soberana parecía haber olvidado por completo todo el aprendizaje obtenido en la corte francesa; actuaba con altivez y frecuentemente con desprecio hacia quienes la rodeaban.

Desde los días siguientes a la coronación, Ana había ocupado buena parte de su tiempo en consultar a cuanto adivino y médico se cruzase a su paso cuál era el sexo de la criatura que llevaba en el vientre. Por conveniencia e incapacidad para responder con certeza, la gran mayoría de los "especialistas" le habían asegurado que sería un varón.

También Enrique, aunque con más discreción, auscultaba la opinión de hechiceros y astrólogos. Escribe al respecto Francis Hackett:

"Dios iba a develarle si aprobaba o no lo hecho. El nacimiento de un hijo saludable sería la declaración del mutuo valer. Cuando el Rey se había enamorado primero de Ana, había creído que ella completaría su existencia;

ahora sabía que para lograr tal perfeccionamiento era preciso que le diera un hijo. Si le daba una hija, ya no sería lo mismo".

Ana Bolena presentía con exactitud lo que pasaba por la cabeza del Rey. Varias noches, después de hacer el amor y beber copiosamente, Enrique le había asegurado que la suma de embarazos fallidos de Catalina eran obra de la ira divina. Dios no le perdonaba el haberse casado con la mujer de su hermano.

Una frase de advertencia

Ana no creía que Dios se hubiese metido en los asuntos de Enrique y Catalina, y ahora se reprochaba no habérselo dicho oportunamente. En aquellas lejanas noches, la superstición del Rey favorecía sus planes; ahora hacía tambalear su amor hacia ella. Ya Ana había tenido algunas claras señales de alarma.

Pocos días después de confirmarse su embarazo, los médicos de la corte habían sido terminantes respecto de los cuidados a los que debía someterse la futura madre. El primero de ellos era una absoluta abstinencia sexual.

Enrique coincidía con los médicos respecto de que el cuidado debía ser riguroso para que nada interfiriera en el normal desarrollo de su sucesor. Sin embargo, en tiempos de ansiedad extrema, privarse del desahogo sexual era, para el Rey, una condición imposible de cumplir. Alternar con las damas de la corte, especialmente con las que servían a la Reina, no era para el monarca algo que mereciera reproche; ya Catalina había aceptado calladamente los deslices del Rey. Pero Ana Bolena no era Catalina de Aragón.

Demasiado confiada en el poder que, hasta entonces, había ejercido sobre Enrique, una tarde la *Petite Boleyn* decidió tomar el toro por las astas, pese a las recomendaciones en contrario que le habían dado tanto su padre como su hermano. En su habitación, aprovechando la visita del monarca, Ana lo increpó de mala manera, recriminándole sus galanteos con una de sus damas de honor. Enrique procuró serenarla pero, ante la furia de su esposa, se despidió con aquella frase que harían famosa todos los biógrafos del Rey:

"Si os molesta, podéis cerrar los ojos, como otras mejores que vos lo hicieron. Os sobran razones para saber que tengo poder suficiente para hundiros en menos tiempo aún del que he empleado en elevaros a este puesto".

Decepción y acechanzas

Pocos días antes del comienzo del otoño, el 7 de septiembre, Ana Bolena alumbró a una hermosa y rozagante niña de ojos celestes y un incipiente cabello tan pelirrojo como el de su padre. Todas las profecías de adivinos, hechiceros, médicos y astrólogos se derrumbaron en un instante. Una vez más el ansiado heredero varón había faltado a la cita.

Convencido, como estaba, de que ahora sí el próximo rey de Inglaterra llegaría al mundo, Enrique VIII bullía de emoción y preparaba una celebración acorde con semejante evento. Los cocineros habían trabajado a destajo ante la inminencia del alumbramiento, y los toneles de vino y cerveza aguardaban el momento de entonar a los invitados.

Cuando el Rey recibió la noticia que nadie quería darle, dejó su enorme copa sobre una mesa y caminó a grandes trancos hasta la habitación de su esposa. El rostro se le había desencajado. Ya podía imaginar los festejos en las distintas cortes de Europa por la nueva decepción y el murmullo del pueblo en relación con su potencia viril. El Rey era incapaz de engendrar hijos varones sanos.

Tendida en su cama, Ana lagrimeaba sosteniendo a la pequeña Isabel en sus brazos. Sabía que la primera gran oportunidad de asegurarse a Enrique VIII a su lado para toda la vida había pasado de largo.

Pero esa tarde, la decepción del Rey le dejó lugar a la compasión y el cariño que sentía por su flamante esposa. La abrazó, la consoló, tomó en sus brazos a la niña y despachó una sonrisa forzada. La frustración y el desconsuelo de Ana le partieron el corazón. No era momento para reproches. Ana era joven, fuerte y sana; ya llegaría un próximo embarazo que trajera al esperado heredero.

Los días que sucedieron al nacimiento de Isabel fueron, para la pareja real, tan tristes como el otoño que pintaba de gris el cielo de Londres. No así para la corte en la que se tramaban intrigas y se disputaban ínfimos espacios de poder, como si en ellos se librara la suerte del Reino.

En julio, tras la negativa de Catalina a la propuesta enviada por el Rey, la hija de los Reyes Católicos fue obligada a cambiar el sitio de confinamiento. Se la envió a Buckden, más lejos de Londres que Ampthill. Pero el traslado le probó a Enrique VIII lo endeble de la posición de su nueva esposa y la perentoria necesidad de un heredero varón. Dice Garrett Mattingly, biógrafo de Catalina:

"A lo largo de todo su viaje hacia el Norte, la Reina y su comitiva encontraron los caminos atestados de gentes amistosas que, mientras pasaba, la bendecían y animaban gritando; caballeros rurales, pequeños propietarios, gente más humilde, todos igualmente dispuestos, así se lo gritaban, a vivir y morir a su servicio".

El amor que los ingleses le profesaban a la dama española y la incapacidad de Ana por traer al mundo el hijo saludable que Catalina no había podido fueron elementos decisivos para que los enemigos de Bolena creyeran que las condiciones estaban dadas para ensayar una nueva embestida contra "la ramera del rey". El embajador Chapuys y el duque de Suffolk encabezaban la cruzada.

Sólo enemigos

A diferencia del embajador imperial, Suffolk era impulsivo y poco sofisticado políticamente, pero a la vez decidido, perseverante y conocedor de las conductas humanas. Adivinaba mejor que nadie los humores de su amigo Enrique; no casualmente habían compartido correrías, secretos e ilusiones a lo largo de tantos años.

Por ello, Suffolk fue el primero en advertir que, tras el nacimiento de la princesa Isabel, viejos temores habían regresado a ensombrecer el alma del Rey. A pesar de todo el grupo de humanistas que lo rodeaba y de la reforma religiosa puesta en marcha, Enrique seguía siendo profundamente católico y en muchos sentidos, papista. Estaba enojado con Clemente por interponerse a sus deseos, pero se sentía culpable por ello. Creía en verdad que el hecho de que sus mujeres no pudiesen engendrar un hijo varón sano era la respuesta que Dios le daba por su comportamiento.

Suffolk tampoco ignoraba el peso que Thomas Cromwell tenía sobre las decisiones del Rey, y optó por medir hasta qué punto se podía contar con él para una arremetida contra Ana Bolena.

Caminando por los jardines del palacio mientras el abogado entrenaba a sus halcones, el duque expuso sus argumentos a favor de apartar a la nueva esposa del Rey. Cromwell escuchó, reflexionó en silencio y luego expuso su negativa. Mientras Enrique siguiese enamorado de Ana, cosa que el abogado daba por descontada, él no movería un solo dedo contra Bolena. Si, en cambio, el amor menguaba, nada impediría que él en persona se transformase en el verdugo de la nueva reina.

Aquella mañana, Charles Brando, duque de Suffolk, tuvo dos certezas: el tiempo del golpe no había llegado aún, pero cuando madurase, tendría de su lado al hombre más poderoso de la corte después del Rey. Sólo cabía esperar un nuevo embarazo frustrado.

A Thomas Cromwell, entre tanto, también le habían quedado algunas conclusiones valiosas. El objetivo central del canciller era completar la reforma religiosa y vaciar las arcas de la Iglesia en Inglaterra. Para ello, la presencia de Ana Bolena junto a Enrique VIII resultaba determinante, pero sabía que si la joven era incapaz de engendrar un macho vigoroso, su suerte estaría sellada: sus enemigos se lanzarían sobre ella y el Rey ya no la protegería. Era menester, entonces, consolidar legalmente la Reforma y limpiar del camino a los adversarios que tenían capacidad para hacer naufragar su plan.

Llegaban tiempos de definiciones y un nuevo año se aproximaba. Había que moverse con rapidez.

Capítulo VII
Un oro que no brilla

El Acta de Supremacía era la herramienta jurídica que, a juicio de Cromwell, convertiría al reino de Inglaterra en la más magnífica materialización de los postulados luteranos en Europa. Ni en la Alemania del propio Lutero, ni en la Suiza de Calvino, ni mucho menos en la Hungría asaltada por los turcos, aquéllos habían logrado imponerse aún. Gran Bretaña sería, entonces, el bastión desde el que se universalizaría la Reforma.

El Acta postulaba que el rey era la autoridad máxima de la Iglesia en Inglaterra y que la Corona sería la destinataria de los beneficios, inmunidades, privilegios, honores y preeminencias que tal dignidad le confería. En un solo movimiento, Cromwell pretendía eliminar para siempre la autoridad papal en Inglaterra y engrosar las arcas reales de modo sustancial. Buena parte de esto último ya se había logrado con los sucesivos cierres y confiscaciones de monasterios que el canciller venía llevando adelante.

El Acta de Supremacía exigiría, además, a todos y cada uno de los súbditos de rey, incluyendo al clero, reconocer al monarca como la más alta autoridad religiosa en Inglaterra. Cada quien debería firmar el documento, y no hacerlo sería considerado un delito de alta traición pagado con la muerte. Desde su retiro en Chelsea, Tomás Moro miraba con dolor los tiempos por venir.

Muertos ilustres

Por fin, a comienzos de 1534 el parlamento inglés aprobó el Acta de Supremacía tal cual había sido redactada por Cromwell. La nueva ley convalidaba el divorcio del Rey y su posterior matrimonio con Bolena; también, con un acta posterior, se declaraba delito de traición cualquier apoyo al Papa y la práctica de alguna religión que no fuese la anglicana. Dice Keith Watson:

"El 12 de abril de 1534, Moro fue convocado a Lambeth para pronunciar el juramento de adhesión a la Ley de Supremacía, que negaba la autoridad del Papa y confirmaba el divorcio de Enrique VIII. Moro se negó dos veces, alegando razones jurídicas".

Quien había sido el mejor consejero del Rey no ignoraba que aquella negativa equivalía a una sentencia de muerte. Días antes, Tomás Moro había reunido a su familia para informarle de su decisión y de las consecuencias que ella habría de conllevar. No se trataba solamente de su propio martirio, sino de dejar a su familia en la más absoluta indigencia. El ex canciller sabía que una condena acarrearía la confiscación de todos sus bienes. Continúa Watson:

"El 17 de abril fue encerrado en la Torre de Londres, y el 1 de julio de 1535 fue condenado por traición, gracias al falso testimonio de Sir Richard Rich, Fiscal General, a quien Moro había ayudado pero que ahora era hombre de Cromwell".

La voz de Tomás Moro tanto como la del arzobispo John Fisher, prisionero en otra de las celdas de la Torre por negarse también a suscribir la Ley, significaban demasiado para los ingleses. El Rey no podía permitir que ambos se negaran a firmar lo que el resto de los súbditos, incluido el alto clero, debían suscribir bajo amenaza de muerte.

Sin embargo, Enrique había hecho todo lo posible para evitar la condena de su maestro más querido. Varias veces Cromwell lo había visitado en su celda procurando torcer la decisión del ex canciller.

Varias veces, también habían estado su mujer y su hija pidiéndole que firmara. Nada quebró la voluntad de Moro. Peter Berglar, uno de sus biógrafos, ensayó una de las más ajustadas explicaciones a esa firmeza, aparentemente inconcebible:

"El no poder asentir al divorcio y al segundo matrimonio del Rey −es decir, a la supremacía real sobre la Iglesia−, por ser una injusticia, no fue una decisión 'en conciencia', sino una consecuencia de la fe; pero el actuar de acuerdo con la fe, el no dejarla de lado, eso sí que fue un acto de obediencia a la conciencia. Y por esa obediencia, que no estaba dispuesto a vender ni siquiera al precio de su vida, subió al patíbulo [...] Tomás Moro estuvo solo no en cuanto a sus convicciones religiosas, sino en cuanto a su obediencia a la conciencia".

Al alba del día 6 de julio de 1535, Tomás Moro fue conducido hacia la tarima en la que sería decapitado. Estaba flaco, con la barba crecida y una debilidad que apenas le permitía caminar. Pero su mente seguía tan lúcida como siempre y su humor no había menguado.

Conducido por un guardia desde su celda hasta el pie del patíbulo, el gran pensador inglés ya no tenía fuerzas ni para trepar los tres escalones que lo separaban del filo del hacha. Miró con una sonrisa al carcelero y le dijo:

"¿Puede ayudarme a subir?, porque para bajar ya sabré yo valérmelas por mí mismo".

Había sido su última humorada. Sus últimas palabras, en cambio, explicaron por qué había llegado hasta esa mañana de primavera:

"Muero siendo el buen siervo del Rey, pero primero de Dios".

El hacha que se descargó sobre el cuello de Moro era la misma que catorce días antes había decapitado a John Fisher, ungido cardenal por el Papa horas antes de que se cumpliera la condena. Clemente supuso que el rey de Inglaterra no se atrevería a enviar a la muerte a un príncipe de la Iglesia, pero se había equivocado.

¿Cuánto pesa un muerto?

Si la muerte de Fisher había conmocionado a buena parte de Europa, la de Tomás Moro fue como un mazazo criminal sobre las conciencias. A tal punto que, según narra William Roper, el propio emperador Carlos I le dijo al embajador inglés, luego de conocer la noticia:

"Si hubiéramos sido señores de tal servidor, de cuyas obras hemos tenido sobrado conocimiento en estos últimos años, habríamos preferido perder la mejor ciudad de nuestros dominios antes que un consejero tan valioso".

Es verdad que casi nadie podía saberlo entonces, pero la decapitación de Tomás Moro significó mucho más que la ira de un rey contra los principios de un hombre. Con la cabeza de Moro caía también una era, una etapa política, económica y cultural en la historia de la humanidad. Moría la Edad Media y nacía un modelo de nación que daría lugar a los Estados y las Repúblicas que llegarían más tarde. No era ésa la intención de Enrique, claro, pero los tiempos de la suprema autoridad vaticana llegaban inexorablemente a su fin, con o sin una Inglaterra anglicana.

Al atardecer de ese día en que un pesado silencio ocupó las calles de Londres, Thomas Bolena se reunió con su hija a solas en una de las habitaciones de ella. Ana sonrió con gesto de satisfacción al recibir a su padre, y eso enfureció a Thomas. La muchacha era incapaz de entender que aquello que le parecía un triunfo era, en realidad, una ofrenda que antes o después Enrique le cobraría a precio de oro. El Rey había mandado a matar no solamente a una de las personas a las que más quería, sino a un ilustre pensador respetado y valorado en toda Europa.

Suma de desaciertos

Algunos días antes de que Tomás Moro fuera ejecutado, Ana Bolena supo que estaba nuevamente embarazada. Lo había buscado denodadamente, tras un aborto espontáneo sufrido en el verano de 1534, y al fin el embarazo se había producido. El vínculo con Enrique ya no era el de antes de la coronación e incluso Lady Jane, la esposa de Jorge, le informó que el Rey tenía una nueva amante.

Ana sabía que, durante su primer embarazo, su marido se había ido a la cama con Meg Shelton, una antigua amiga de ella que ahora servía como dama de honor. Pero Meg estaba lejos de ser una competidora de peligro. No tenía la belleza de Ana, tampoco su inteligencia y se había entregado al Rey casi en forma inmediata. Todos sabían que aquél era el peor camino que podía elegir una amante real.

Jane no había sido precisa respecto de la flamante adversaria e incluso ni siquiera era seguro que la información fuese cierta. Su cuñada la aborrecía y cualquier confidencia podía ser, en realidad, una trampa. Empero, el trato que últimamente le dispensaba Enrique le hacía suponer que alguna mujer podía estar rondándolo.

El embarazo, entonces, llegaba como una excelente noticia para despejar un horizonte oscurecido.

Existía, además, otro elemento que había resentido la relación con el monarca. Meses atrás, de la mano de Jorge Bolena, había llegado a la corte un músico talentoso, joven y bien parecido, de nombre Mark Smeaton. Desenfadado, risueño y ejecutante excelso, pronto Mark atrajo la atención de la nueva reina. Ana se deleitaba escuchándolo y en ningún momento guardó la distancia que se esperaba de ella. Improvisada en el rol que ahora le tocaba jugar, la *Petite Boleyn* solía conducirse como cuando era tan sólo una novata dama de honor de Catalina, y mucho más si el caballero que tenía enfrente era amigo de su hermano.

Despreocupadamente solía bailar en público al ritmo de la música de Smeaton, con lo que la información no tardó en llegar a oídos del Rey. Enrique se enfureció y le recriminó duramente su comportamiento. Ninguno de los intentos de Ana por negar segundas intenciones en su amistad con el músico dio resultado. El Rey empezaba a cansarse de su joven esposa. Dice Francis Hackett:

"La creciente irritabilidad de Enrique aumentaba la actitud de violencia de Ana. No pasaba inadvertida para el Rey la oposición que en torno de ellos se iba formando, y ello provocaba en el fuero interno de Enrique un sentimiento peligroso de rencor hacia la Reina, mal disimulado en público bajo una apariencia de lealtad extrema".

Toda la sutileza y el manejo de los tiempos que la *Petite Boleyn* había exhibido en un primer momento en su relación con Enrique parecían haber desaparecido por completo. Obsesionada con la presencia de la princesa María, que podía disputarle el futuro acceso al trono a su hija Isabel si ella no concebía a un hijo varón, Ana descargaba un resentimiento feroz sobre la hija de su esposo, sin advertir el cariño que Enrique le tenía a la joven.

El 23 de marzo de 1534, Clemente VII se había finalmente expedido a favor de la legalidad del matrimonio entre Enrique y Catalina, con lo cual María se transformaba en la legítima heredera del trono, y eso desesperaba a Ana Bolena.

Nubes negras

Ya no era la amante y futura esposa del rey de Inglaterra. Ana era ahora la reina de los británicos, y el papel no le encajaba bien. Tenía más de doscientas cincuenta personas en su séquito, casi el doble de las que atendían a Catalina, y en una corte que durante años se había caracterizado por su mesura y ahora padecía estrecheces económicas, eso no caía bien.

Además, las sesenta damas de honor que caminaban tras ella en cada ceremonia conformaban un cortejo despampanante y provocativo que indignaba a más de uno.

Catalina de Aragón, la hija menor de los Reyes Católicos Fernando e Isabel, había sido criada y formada como una futura reina. Ana Bolena, en cambio, sabía más de intrigas y oportunismo que de cómo debía conducirse una soberana.

Catalina hablaba castellano, inglés, francés, flamenco y latín con tono suave y finos modales. Ana solía recurrir a un áspero lenguaje tabernario cuando la ira se apoderaba de ella.

El resentimiento no es un gran consejero cuando de manejar el poder se trata. Eso no había podido aprenderlo Ana. La resistencia de Catalina a dejar de ser la legítima reina de Inglaterra, y la inquebrantable alianza de María con su madre, se habían transformado desde hacía ya tiempo en las grandes razones del odio de la Reina no querida por nadie.

Sin ningún cuidado, antes de ser coronada había escrito una carta en la que expresaba sus sentimientos hacia María y su madre:

"¡Cuando sea reina, esta joven pagará por su insolencia! ¡Será mi servidora y la daré en matrimonio a uno de mis criados! ¡Y a su madre, que alienta semejante insolencia, ojalá que la vea ahorcada! ¡Prefiero antes verlas ahorcadas que llamar mi reina a la madre o que la hija no sea sino la bastarda que es!".

Nada de todo esto había pasado inadvertido para Enrique VIII. Sin embargo, durante los años en los que el rey ansiaba más que nada convertir a Bolena en su esposa, los hechos transcurrieron con la complacencia de éste; incluso el confinamiento a que había sometido a Catalina y a su hija, fuertemente inducido por su futura esposa.

Pero en julio de 1535 la situación no era la misma. El exilio de María en Richmond se transformó en un dolor de cabeza político que a la fecha no había cesado.

Biógrafa de María Tudor, María Jesús Pérez Martín recorre con gran poder de síntesis algunos de los hechos que no dejaban de sobresaltar a Enrique:

"En abril de 1532 circula la noticia en Roma de que estaba prometida al príncipe de Transilvania, como parte de la coalición anti Habsburgo. En junio, Chapuys advierte que todavía la pretendía el rey de Escocia. El rumor escocés se mantendrá en marzo de 1533 y se unirá a especulaciones sobre la utilización de la Princesa contra su padre. Mariano Giustiniani, enviado de Venecia en Francia, creía que los escoceses habían invadido Inglaterra con la ayuda del Emperador y de los daneses y que el pueblo los acogía por la gran estima que tenían a la Princesa. También en Flandes circulaban noticias de una rebelión en Inglaterra, ayudada por Escocia y la flota imperial al mando de Andrea Doria; esta vez el hermano del rey de Portugal venía a rescatar a María".

Si bien nada de esto se había concretado, Enrique VIII sabía que nunca las versiones eran casuales. Y mucho menos llegando de la mano de embajadores y consejeros.

Varios príncipes europeos fantaseaban con la idea de caerle encima a Inglaterra, y el enfrentamiento con el Vaticano y el Imperio que el rey británico no podía resolver eran datos alentadores para los posibles ocupantes.

Una joven rival

Jane Seymour era una muchacha frágil, de contextura pequeña y sumamente tímida. Su pelo rubio, su tez pálida y sus ojos verdes le daban un aspecto de madonna que generaba en los hombres un sentimiento natural de protección hacia ella. Pocos años más joven que Ana Bolena, aparentaba sin embargo ser una adolescente.

Descendiente de Eduardo III de Inglaterra, por vía de su abuelo materno, Jane había llegado a la corte en 1527 como dama de honor de Catalina, y pasó a integrar el séquito de Ana una vez coronada ésta como nueva soberana británica.

Carecía del roce mundano de la *Petite Boleyn* y de la cultura de Catalina de Aragón, pero era dueña de una personalidad cautivante para alguien como Enrique VIII. Silenciosa, dócil y atenta a los requerimientos de sus superiores; así era Jane.

No es fácil determinar en qué momento exacto el Rey posó sus ojos en ella, pero es seguro que en los meses finales del último embarazo de Ana, Enrique ya estaba vinculado con Jane Seymour.

Cuentan los biógrafos del Rey que en el curso de una recepción que Enrique le brindó al embajador francés en Greenwich, en el otoño de 1535, Ana detectó la presencia de la muchacha en la vida del monarca, y así se lo dijo al enviado de Francisco. La frágil damita rubia era la contracara de la tumultuosa Bolena.

Con pluma de novelista, Evelyn Anthony imagina lo que seguramente debió haber sentido Enrique respecto de la hija de Sir John Seymour de Wiltshire:

"Jane cedía lo suficiente para permitirle algunas libertades, tan inerte y sumisa como una muñeca en sus brazos, con sus extraños ojos verdes entrecerrados. ¡Hablaba tan poco siempre! Poseía una calidad curiosa de sosiego que era como un bálsamo para la atmósfera cargada de explosivos en que se movía Ana. Jane no hacía ruido; en ella no había risas desenfrenadas o conversación llena de viveza... y tampoco de furia".

También el embajador imperial Chapuys la describió a su manera:

"Es hermana de un tal Eduardo Seymour que ha estado al servicio de Su Majestad, y es de estatura mediana y sin gran belleza. Su color es tan blanco que puede decirse resulta muy pálida. Tiene veinticinco años, y no es lógico suponer que viviendo tanto tiempo en la Corte, y siendo inglesa, sea doncella aún. Al Rey esto tal vez le agrade".

Ana debió haber comprendido que se acercaban tiempos de definiciones. Ya no era el amor, la atracción física o el magnetismo de lo prohibido lo que mantenía a Enrique a su lado. Sólo la criatura que llevaba en su vientre evitaba que el Rey se desprendiese de ella.

Nadie escucha a Catalina

Por los rincones y en los fríos pasillos del palacio real, las murmuraciones corrían como serpientes que se ocultaban apenas la figura de Ana se avecinaba. Ella conocía ese clima. Además, casi todos sus enemigos volvían a pavonearse por los alrededores del Rey. El más peligroso de ellos era, al igual que siempre, el duque de Suffolk, con quien el Rey, como en los viejos tiempos, se encerraba para charlar a solas.

Lejos de allí, en la fría y oscura residencia de Kimbolton, último lugar de confinamiento de Catalina de Aragón, la hija de los Reyes Católicos se resignaba a no volver a ver nunca más a su hija. Durante los últimos cuatro años, Catalina le había suplicado a Enrique que se le permitiese visitar a María, o que su hija la visitase a ella. Nada conmovió el corazón del Rey.

En noviembre, quien fuera la amada reina de los ingleses padecía ya de los dolores y la fiebre que preanunciaban el final. Obstinadamente seguía luchando para que se le devolviera el trono que, legítimamente, le pertenecía. Pero sus fuerzas fugaban al mismo ritmo en que avanzaba el cáncer. En lo que habría de ser su última misiva al Sumo Pontífice, le decía con conmovedora ingenuidad:

"Os suplico encarecidamente [...] que os acordéis del Rey, mi Señor y marido, y de mi hija. Vuestra Santidad sabe, y toda la Cristiandad sabe, las cosas que se hacen aquí, cómo se ofende a Dios grandemente, qué escándalo se da al mundo, qué reproches se hacen a Vuestra Santidad...".

Todo había quedado demasiado lejos para Catalina de Aragón. Sus esperanzas ya no tenían razón de ser, tanto como sus suplicas y sus reclamos a un Papa a punto de morir e incapaz de leer sus cartas. Tampoco importaban a su sobrino, al que acudía una y otra vez. Sus pedidos carecían, para ambos, de toda importancia. Estaba sola y cerca de la muerte, pero no había perdido ni un ápice de esa majestuosa dignidad con la que había llegado por primera vez a Londres.

Pese a la humillación a la que la había sometido Enrique, la Reina, aun conociendo sus posibilidades, jamás complotó contra el Rey. Hasta su último suspiro se negó a liderar una insurrección que podía haber encabezado. Amaba más a Enrique y a Inglaterra que a sí misma. Escribe María Antonia Bel Bravo:

"No se atrevieron a matar a Catalina, ni tan siquiera a llevarla a la Torre, pero como sabían que mientras viviera sería la cabeza a cuyo alrededor se congregarían todos los descontentos y que el pueblo estaba mayoritariamente con ella, la encerraron en el castillo de Kimbolton, una casa solariega fortificada cuyas características la hacían estar prácticamente prisionera [...] Chapuys, que conocía la popularidad de la Reina, abrigaba la esperanza de que ésta se pusiera al frente de una insurrección que derrocara a la actual monarquía inglesa. Solamente ella podía dar la señal que desencadenara un levantamiento general...".

Las noticias de la enfermedad de Catalina rápidamente llegaron a Greenwich y, desde luego, debilitaron aún más la posición de Ana Bolena. Desaparecida la legítima esposa del rey y enamorado Enrique de Jane Seymour, los enemigos de Ana sólo aguardaban un nuevo embarazo frustrado para festejar el final de "la ramera del rey".

Capítulo VIII
La caída

*E*ntre las leyendas populares inglesas que viajan de generación en generación existe una particularmente significativa a la que el tiempo le ha ido agregando matices, tanto como a la del fantasma de Ana Bolena.

Se cuenta que el 31 de diciembre de 1535, muy cerca de la medianoche, la bandada de cuervos que habitualmente merodea la Torre de Londres se posó a lo largo del paredón del palacio de Greenwich que da al río. Las aves se instalaron en silencio, ocultas por la oscuridad de la noche, pero apenas los relojes indicaron que el nuevo año había llegado, comenzaron a graznar nerviosamente y abandonaron los muros del palacio casi al unísono.

Están quienes afirman que la leyenda no es tal sino un hecho cierto; otros insisten en que la imaginación popular la creó muchos años después de aquella noche. La realidad, en todo caso, demostró que 1536 habría de ser un año fatídico para la dinastía Tudor.

El sábado 7 de enero de ese año, pese a la mejoría que había experimentado hacia mediados de diciembre, murió Catalina de Aragón y Castilla, la bella princesa española que conoció el lecho de los dos hijos varones de Enrique VII. Tenía 50 años y en buena ley se había ganado el amor de un pueblo que no era el suyo. Su muerte fue tan digna como su vida. Cuenta Mattingly, su mejor biógrafo:

"... a medianoche despertó a sus doncellas preguntándoles si el amanecer se acercaba. Alarmadas, llamaron a su confesor, y Llandaff, viéndola tan pálida y débil, se ofreció a apresurar la hora canónica y decir la Misa inmediatamente. Pero Catalina se lo prohibió [...] Siempre había sido lo suficientemente fuerte para esperar. Al amanecer comulgó y dictó dos cartas, una al Emperador y otra a Enrique...".

A media mañana, Catalina expiró sin haber podido despedirse de su amada hija. Horas después, Enrique ordenó que se la sepultara en la abadía de Peterboroug, sin los honores correspondientes a una reina. Fue, en cambio, el pueblo inglés el que la despidió como a su verdadera soberana.

Miles de hombres y mujeres arrojaron flores con la cabeza descubierta al paso de cortejo que la conducía a su última morada. Eran las miles de personas que habían estado ausentes en la coronación de Ana Bolena.

Muerte de a dos

Como una broma macabra del destino, la muerte de Catalina de Aragón había llegado en un momento que de poco le servía a la *Petite Boleyn*.

El Rey ya la trataba con desidia, Cromwell ya no era el diligente servidor que escuchaba y atendía sus pedidos con cuidado, y Charles Brandon, duque de Suffolk, se había convertido en una presencia permanente en las salas de trabajo de Enrique. Ana conocía de sobra las razones que impulsaban los estados anímicos reales, y ese buen humor permanente exhibido por el monarca podía deberse a una sola cosa: estaba enamorado o, cuando menos, feliz con la mujer que ahora calentaba su cama.

"Su muerte es también la mía", se dice que dijo Ana Bolena apenas enterada del fallecimiento de Catalina. Efectivamente, sólo la displicente protección del Rey la salvaba, por el momento, de las garras de sus enemigos. Hasta su propio tío era parte de ellos. En Navidad, tras una fuerte discusión, Norfolk se había retirado de la habitación de Ana estrellando un portazo y gritándole "¡Ramera!".

Ya no había razones para que Enrique se aferrase a un matrimonio considerado ilegítimo por el Papa y la mayoría de los príncipes europeos. A punto de parir, la reina de Inglaterra sabía que si no alumbraba a un varón sano, su suerte estaba echada.

Además, políticamente no eran buenos tiempos para Gran Bretaña. La ejecución de Moro había producido un enorme desagrado entre quienes ostentaban el poder en Europa, y la propia nobleza británica conspiraba contra el Rey. Según evalúa Hackett:

"A esto había que añadir que no había cesado de llover (según decía el pueblo) desde que se había ejecutado a Tomás Moro, que las cosechas habían sido muy malas, que el comercio con Flandes estaba paralizado, que no había dinero en el Tesoro y que Ana Bolena era objeto de las maldiciones más expresivas y de los más tétricos augurios".

A Enrique VIII, sin embargo, su flamante romance lo mantenía de buen humor. Jane no protestaba, no hacía preguntas incómodas, no se reía a las carcajadas, pero insultaba como un porquero y se entregaba a él sin condicionamientos.

Un accidente

Al Rey, sin embargo, le faltaba algo. Deportista como era y amante de la competencia, hacía ya largos meses que no organizaba ni participaba en una justa, esas que le hacían bullir la sangre y le tensaban los músculos. El vínculo controversial con su amigo Suffolk era en parte responsable de eso. Pero ahora aquello se había resuelto y Enrique le pidió que organizara una.

La tarde del 24 de enero de 1536 el sol brillaba sobre el palacio de Greenwich. Imposible imaginar una mejor jornada para un torneo deportivo en el que Enrique volvería a participar después de largos meses fuera de competencia. Había almorzado con Eduardo Seymour y otros dos nobles y estaba con un humor resplandeciente.

Ana yacía en su lecho a pocos días de parir.

Con su armadura, su casco, su larga lanza de madera y su caballo de color azabache que resoplaba inquieto, Enrique VIII aguardó en uno de los extremos de la pista la orden de combate. Del otro lado estaba Sir William Brereton, un hombre demasiado ligado a la familia Bolena como para ser mirado con agrado por el resto de los nobles que poblaban las graderías.

Pero Brereton no pensaba dejarse ganar como se estilaba cuando se competía con el Rey. Ante la orden de combate, espoleó su caballo y apuntó la lanza al centro de la armadura real. Enrique estaba demasiado gordo y fuera de entrenamiento como para lograr poner su cuerpo en diagonal a la lanza, de modo que el golpe se estrelló en el peto y resbaló hacia el casco. El Rey cayó pesadamente. Parecía muerto.

Un instante después, Norfolk, Suffolk, el propio Brereton y Butts, el médico real, rodeaban a Enrique, que respiraba con dificultad y no podía moverse.

Cargado por los guardias, el Rey fue transportado hasta su lecho. Allí se le quitó la armadura y pudo comprobarse la gravedad del daño. Su vida no parecía correr riesgos, pero varias heridas, en especial una muy profunda en la pierna, exigían aguardar unos días para ver su evolución.

Para la alta nobleza de la corte el suceso fue determinante. La eventual muerte del monarca dejaría a cargo del trono a Ana Bolena, con lo cual el futuro de la mayoría de ellos, tanto como el de la princesa María, sería trágico.

Era imperioso encontrar la manera de sacarla de al lado del Rey. El incidente había removido las diferencias entre los nobles, y se acordó que fuese Suffolk, una vez más, el encargado de liderar la cruzada.

Sólo quedaba esperar que Bolena no pariese un varón sano.

Amanecer infausto

Los sabios cuidados médicos y la fortaleza física del paciente obraron milagros. Dos días después del suceso, Enrique ya reía, comía, bebía vino, podía caminar trechos breves apoyado en un bastón y ordenaba que Sir William Brereton acudiese a su recámara para ser perdonado públicamente por el desgraciado lance.

Pero en su habitación, Ana Bolena, que había sido informada de lo sucedido, apenas podía moverse. Estaba pálida, no comía y los dolores de parto comenzaban a ser cada vez más frecuentes. Sus damas de honor murmuraban y la presencia del Rey se hacía esperar. Jane Seymour, en cambio, había acompañado al monarca día y noche.

Al amanecer del día 29 de enero, comenzó a terminarse una noche que debió haber sido la más tremenda que había vivido Ana Bolena en su vida. Terribles dolores y hemorragias anunciaban lo que finalmente ocurrió: su hijo varón había nacido muerto. El amanecer había traído consigo la peor de las noticias para la hija menor de los Bolena.

Empapada en sudor, lagrimas y la más terrible de las angustias, Ana pidió ver a su esposo. Esta vez Enrique no había estado aguardando el momento, yendo y viniendo con trancos ansiosos por uno de los amplios salones del palacio. Desayunaba con Suffolk y Norfolk, cuando Cromwell se le acercó para darle la noticia.

El Rey se levantó de un salto y casi sin apoyarse en el bastón caminó hacia la habitación de su esposa. Echó a todos cuantos la rodeaban, la insultó y le hizo saber que aquel aborto era una clarísima señal de que Dios estaba furioso con él por haberse casado con ella.

Le lanzó una nueva mirada fulminante y se marchó.

En un santiamén la noticia dio vuelta alrededor del castillo real. Todos sabían que esa mañana Ana Bolena había dejado de ser "la ramera del rey". Lo que ignoraban era qué forma habría de tener el final.

Se apaga la estrella

Durante los siguientes diez días, el Rey mantuvo largas reuniones con Thomas Cromwell, procurando encontrar la salida jurídica más convincente y elegante que le permitiera terminar su matrimonio con Bolena. Sabía, al igual que su secretario privado, que nadie en Europa levantaría la voz para evitar el divorcio, ni siquiera el nuevo Papa.

Pero a Enrique le preocupaba el futuro. Creía que Jane Seymour sí podría darle por fin el heredero varón que tanto anhelaba y estaba dispuesto a convertirla en su esposa; por eso necesitaba que ninguna ley, ni humana, ni divina, pudiese poner en dudas la legitimidad del vástago que habría de llegar.

Jane Seymour era efectivamente la indicada porque, como había sugerido Chapuys, la muchacha ya no era doncella y si no le daba el varón esperado, el divorcio sería un trámite sumario: bastaba con que alguien atestiguara que la virginidad de la muchacha había quedado en el camino hacía tiempo.

Sin embargo, el último día de un febrero saturado de especulaciones y pronósticos, la solución llegó de la mano del viejo amigo de Enrique, Charles Brandon, duque de Suffolk.

Brandon le manifestó al Rey que no sólo le ratificaba lo que ya le había informado tiempo atrás respecto de la falsa virginidad de Bolena a la hora de comenzar la relación con él, sino que a lo largo de toda la vida matrimonial, ella le había sido descaradamente infiel.

Lo que Suffolk le dijo no era, precisamente, lo que Enrique hubiese querido escuchar. Una cosa era que él procurase desembarazarse ahora de ella, y otra muy distinta que su esposa le hubiese sido infiel.

Lleno de ira, el Rey indagó sobre la identidad del amante. Brandon, en cambio, recitó una lista: Jorge Bolena, en relación incestuosa; el músico Mark Smeaton, adornado con joyas regaladas por la Reina; Harry Norris, un cortesano que con la excusa de cortejar a Meg Shelton se introducía también en las habitaciones de Ana... Todo en conocimiento del padre de ella, Thomas Bolena.

El Rey se quedó estupefacto. Apenas pudo contener la ira, pero necesitaba tranquilizarse para actuar como era debido. La irritabilidad que lo acompañaba en los últimos tiempos no había sido buena consejera.

Despidió a Suffolk y ordenó que no se lo molestara. Se quedó solo en la sala durante toda la tarde.

Es posible que, en aquellas horas, Enrique VIII haya repasado todo lo que había hecho en esos últimos diez años, y todo lo que había perdido por quien, ahora sabía, era una simple ramera, como la llamaba el pueblo; incapaz siquiera de darle un hijo varón.

Había separado a su reino del Vaticano, había decapitado a su maestro más querido y había confinado a la pequeña Mary, sin casi haberla visto crecer.

Al anochecer, cuando ordenó que se le sirviese la cena en sus habitaciones, el Monarca aparecía más sereno. Replegado sobre sus propios pensamientos, Enrique VIII comió en silencio y bebió dos jarras de vino, según narraría uno de sus ayuda de cámara tiempo después.

También para los Bolena había sido un anochecer cargado de malos augurios. Desde el aborto de Ana, Thomas no había vuelto a tener contacto con el Rey; ni siquiera los escasos encuentros que se daban desde hacía algunos meses.

Jorge, por su parte, no sólo atravesaba el peor momento de la ya mala relación con su esposa, sino que había advertido con toda claridad de qué manera elocuente los nobles se alejaban de él, incluso su tío Norfolk. Hacía tiempo que Jorge intuía que la buena estrella de los Bolena se extinguía lentamente. Pero ahora la realidad lo confirmaba sin atenuantes.

Ana, en tanto, lloró toda la noche. Sólo pudo conciliar el sueño al amanecer, cuando el cansancio la venció.

La traidora

Al comenzar el mes de marzo, varios hombres ligados al nuevo papa Pablo III le hicieron saber al rey de Inglaterra que el Sumo Pontífice estaba interesado en recomponer las relaciones con el Reino. Pablo sabía del fervor religioso de Enrique y no ignoraba tampoco el inminente final de su matrimonio con Bolena. Parecía un excelente momento para dar vuelta la página.

Al mismo tiempo, el poderoso emperador Carlos I le hizo llegar, a través de su embajador Chapuys, una propuesta de alianza si Enrique aceptaba ciertas condiciones.

La muerte de Catalina y las intenciones reales de divorciarse de Ana habían abierto puertas que, hasta entonces, parecían definitivamente clausuradas. Fue un mes de intensa actividad diplomática y, por eso, las acciones de la nueva Causa Real habían debido esperar.

Pero en abril, Thomas Cromwell comenzó a ejecutar el plan que habría de conducir a la comprobación, por parte de un tribunal de nobles adictos, del delito de alta traición perpetrado por Ana Bolena.

Mark Smeaton recibió una sorpresiva invitación para almorzar en casa del secretario privado del Rey. Con cierta ingenuidad y mucho de soberbia, el músico supuso que Cromwell quería agradecerle en nombre del Rey su trabajo en la corte. La realidad le cayó como un baldazo de agua helada.

Sentado en la punta de una mesa sin servir, el secretario le pidió al músico que se ubicara en el otro extremo. Una vez que Smeaton cumplió con la orden, dos hombres se situaron a sus espaldas y mientras uno le amarraba las manos por detrás, el otro le pasaba una soga por la frente y las sienes. La cuerda se amarraba a un palo por detrás de la cabeza del artista, de modo que con cada giro del madero la soga se apretaba sobre las sienes del desdichado, como una suerte de improvisado "garrote vil".

El interrogatorio fue cruel, y giró en torno de los anillos y algunas cadenas de oro que lucía Smeaton. El objetivo de Cromwell era que el artista aceptara que las joyas eran regalos de la Reina, a cambio de favores sexuales.

Durante media hora el músico soportó el terrible dolor que le producía la cuerda cerrándose sobre sus sienes. Pero al cabo de ese tiempo, confesó lo que Cromwell pretendía.

El tribunal que juzgaría la conducta de la Reina estaba compuesto por siete nobles designados por el Rey: Suffolk, Audley, Fitzwilliam, Norfolk, Paulet, Sandys y Wiltshire.

Frente a ellos se sentó al día siguiente del interrogatorio de Smeaton la cuñada de Ana, Jane Parker. Sin necesidad de que se le hiciesen demasiadas peguntas, Jane reconoció que su esposo tenía una relación demasiado "fraternal" con su hermana, y que Jorge solía pasar largas horas en las habitaciones de la Reina.

Ese mismo día, por la tarde, fue el turno de la aterrorizada Meg Shelton, dama de honor y prima de Ana Bolena. Azuzada por Cromwell y Suffolk, Meg admitió (lo que era cierto) que Harry Morris había estado varias veces en las habitaciones de la Reina, pero con el propósito de visitarla a ella (Meg), a quien estaba cortejando. Cuando se le preguntó si ella podía dar fe, jurando por su vida, que en ninguna de esas oportunidades Morris estuvo solo con la reina, Meg, aterrorizada, dijo que no, que no podía afirmar que jamás hayan estados solos.

Al mismo tiempo, las dos mujeres confesaron (lo cual también era cierto) que Thomas Bolena se reunía frecuentemente con su hija en los aposentos de ella, y conversaban a solas, sin la presencia de ninguna de las damas de la Reina.

El plato estaba servido. La declaración de los testigos era contundente. La condena a Ana Bolena se hallaba al alcance de la mano.

Más testimonios

Pero, por si todo esto no hubiese sido suficiente, una de las damas de la Reina le contó a Cromwell que, en ocasión de las navidades de 1534, Ana le había pedido a su hermano Jorge que la embarazara, a fin de tener el hijo varón que el Rey no podía engendrar en su vientre.

La declaración de la joven provocó un enorme revuelo entre los nobles y desató la peor de las furias en Enrique.

La muchacha no mentía. Efectivamente el hecho había ocurrido, pero no pudo materializarse debido a que Jorge, que se había negado reiteradamente al pedido, no había podido consumar la penetración flagelado por la culpa y por el terror que le producía el incesto.

La cosa, sin embargo, no había terminado allí. Aprovechando la furia real y en virtud de las graves acusaciones que llevaban adelante, Thomas Cromwell aprovechó para cobrarse viejas deudas pendientes.

Francis Weston, un joven procedente de una noble familia inglesa que desde hacía años integraba el círculo íntimo de Enrique, había tenido varias disputas con el secretario privado, al que consideraba un plebeyo sin méritos para asistir al monarca.

Weston se había casado con Anne Pickering, pero mujeriego como era, tuvo un romance con Meg Shelton. Aquello lo llevó a transitar, también él, por las habitaciones de la Reina.

Era lo que Cromwell esperaba hacía tiempo. Se lo acusó de ser otro de los amantes de Ana, al igual que a William Brereton, el hombre que había herido a Enrique y que también era enemigo de Cromwell.

El 1 de mayo de 1536, Ana Bolena compareció frente al tribunal, presidido por su tío, el duque de Norfolk. Se le informó que los acusados, arrestados días antes, habían reconocido el delito, por lo cual ella había sido condenada a muerte por alta traición al rey de Inglaterra.

La mujer apenas pudo defenderse.

Al día siguiente, después del almuerzo, Ana Bolena fue arrestada y conducida a la Torre de Londres. Tenía los ojos inflamados por el llanto y una palidez alarmante.

El resplandeciente sol de aquella tarde veraniega parecía una burla hacia la muchacha de cabello y ojos negros, con apariencia de española, que había llegado a ser la reina de Inglaterra viniendo casi desde la nada. Su corazón, sin embargo, albergaba una luz de esperanza. Acaso Enrique VIII no se animase a degollar a quien había sido la razón por la cual puso en juego su trono.

Frente al tribunal

Los cargos contra Thomas Bolena eran débiles, y Cromwell comprendió que difícilmente sería condenado. Conociéndolo, el secretario privado del Rey eligió un camino que habría de denigrarlo al punto en que ya no podría mirar a nadie a la cara. Visitó a Thomas Bolena en la prisión y le sugirió que se ofreciese como integrante del jurado que juzgaría a Ana, a los efectos de disipar toda duda respecto de su participación en los graves cargos que se le imputaban a su hija.

Aterrorizado, y sin el más mínimo resto de dignidad, Thomas escribió al Rey ofreciéndose como juez de un tribunal que, él sabía, sentenciaría a Ana a la pena de muerte.

Enrique rechazó la oferta, le quitó todo los títulos y cargos que poseía, le confiscó casi todos los bienes, pero lo dejó libre.

Al resto de los acusados se les formó tribunal y se los juzgó el 12 de mayo. Según escribió Francis Hackett:

"Mark se confesó culpable del delito de adulterio. Norris, Weston y Brereton lo negaron, los cuatro fueron igualmente condenados a muerte".

Ana y Jorge, entretanto, serían juzgados por un tribunal superior integrado por veintiséis nobles de alto rango, en virtud de la dignidad de ambos, especialmente de la Reina.

A las diez de la mañana del 15 de mayo comenzó el juicio a Ana y Jorge Bolena. Los asientos reservados para los espectadores habían sido ocupados apenas se abrieron las puertas de la sala, y en la calle, una multitud se agolpaba al otro lado de los muros de la Torre de Londres, donde se sustanciaba el juicio.

Como una catarata, las acusaciones comenzaron a caer sobre la Reina, incluso una según la cual ella había sido partícipe de una conspiración para matar al Rey. En cuanto a los adulterios, el primero se había producido un mes después del nacimiento de Isabel, y el último, treinta días antes del 29 de enero.

Ana Bolena se mantuvo incólume. El rostro distendido, la mirada serena y la frente altiva. Sabía que su suerte estaba echada y que, dijera lo que dijese, la condena se había decidido antes de ese día. Negaba puntualmente cada una de las acusaciones recorriendo con la vista a sus jueces, los que, casi siempre, bajaban la cabeza cuando los ojos de la Reina se posaban sobre ellos. Dos horas más tarde, el tribunal la declaró culpable de alta traición y la condenó a muerte. La responsabilidad admitida por el músico Mark Smeaton había sido la clave de la sentencia. Pocos de los jueces pudieron mirarla a la cara, y el duque de Northumberland se desvaneció luego de emitir su voto.

Tiempo de morir

Llegó, entonces, el turno de Jorge Bolena, quien había llegado decidido a vender cara su derrota.

Cuando las acusaciones comenzaron a llegar, el joven fue retrucando con pericia, hasta que cada una quedara apenas como una sospecha sin fundamentos. Desde la zona de los invitados bajaba un rumor con cada réplica de Bolena porque quedaba la sensación de que, esta vez, el tribunal sería incapaz de condenarlo.

Sin embargo, había una carta que los jueces reservaban para el caso en que, como ahora, el acusado refutara con éxito los cargos. Se trataba de una muy ofensiva frase contra el Rey, proclamada por Bolena, que varios testigos afirmaban haber escuchado. La injuria era tal que ni siquiera podía pronunciarse en público, por lo cual el tribunal la escribiría en un papel y se la acercaría al acusado. En ese instante Jorge Bolena supo que ya había sido condenado. No sabía de qué se trataba y le sería imposible rebatirlo. Cuando el papel llegó a sus manos, lo leyó lentamente y decidió recitarlo en voz alta para que lo escucharan todos. Luego se declaró culpable a fin de que, al menos, sus bienes no fueran confiscados. La nota decía:

"Enrique no puede tener relaciones con mi hermana porque es impotente".

El 17 de mayo al amanecer, los cinco condenados fueron ejecutados en el patíbulo de la Torre de Londres. Un silencio asfixiante recibió las últimas palabras de cada uno de los hombres que serían decapitados.

Ana observó la escena desde su ventana. Al día siguiente sería ella quien ascendería las escalinatas del patíbulo.

Pero la Reina tenía derecho a una petición, que hizo y le fue concedida. No quería ser decapitada con un hacha, tal como lo hacían los verdugos de la Torre, sino con una espada manejada por alguien muy diestro con ella.

A tal efecto se mandó a buscar a Calais a uno de los hombres de más reconocida experiencia. Pero el mal estado de los caminos por las fuertes lluvias recientes demoró la llegada del verdugo y también el día de la ejecución.

Recién al alba del 19 de mayo de 1536, Ana Bolena ascendió a la tarima. La plaza estaba plagada de gente que había llegado para ver morir a "la ramera del rey", pero el clima no era festivo; una sensación de agobio y angustia se había generalizado. Hackett retrató así el momento:

"Cuando subió al cadalso, ayudada por Kingston, comprendió que uno de los que se hallaba allí cerca era el ejecutor. Con voz muy débil dijo que no era el momento de hablar, sino de morir. Otras palabras que pronunció no lograron oírse. Miró nerviosamente hacia atrás, y luego pidió a todos que rogasen por el Rey, que era bueno. Encomendó su alma a Dios y suplicó a todos que la perdonasen".

Se arrodilló, miró por última vez la plaza y eso fue todo. El relumbrón de la espada cortó el aire y la cabeza de Ana Bolena, que rodó sobre la paja con los ojos abiertos y serenos.

Un viento helado congeló a Londres por un instante.

Epílogo

Nada hemos dicho de María, la hermana de Ana, que sobrevivió y mantuvo una vida relativamente apacible lejos de la corte y en compañía de su marido.

La madre de Ana murió un año después de la ejecución de su hija. Otro año más y también partía Thomas Bolena.

Tras la muerte de Ana y durante siglos, se han escrito libros, filmado películas y series televisivas, cada una dando una particular visión de su ascenso y caída.

Para muchos, Ana fue una especuladora hábil para encumbrarse, pero no para manejar sus devaneos amorosos, por lo que parte de las acusaciones en su contra habrían sido veraces.

Otros la ven como una simple víctima del desafuero sexual de Enrique y de la escasa fortuna en sus partos.

No pocos dan simplemente una explicación política. Los intereses parciales de la corte, más la conveniencia de Inglaterra de aliarse con España, donde Ana era odiada, habrían determinado un gesto de Estado que cobró la forma del repudio y del patíbulo.

Curiosamente, los protestantes ingleses llegaron a considerarla una mártir en contra de la venalidad y los excesos del catolicismo vaticano.

Para algunos, que Isabel, su hija, ascendiera luego al trono no sería más que una divina y tardía, aunque irrefutable, señal de su inocencia y limpieza.

Lo cierto es que su historia no dejó ni deja de apasionar a sucesivas generaciones, que ven en ella a la mujer de tesón e inteligencia suficiente como para superar sus limitaciones de cuna y ascender a los más altos sitiales de aquella Europa en dolores de parto, convulsionada y en transformación.

Desde el ensayo histórico y el arte, su imagen romántica, de joven ambiciosa que trepa con rapidez y que al fin rinde su agraciado cuello a la espada del verdugo, seguramente nos seguirá visitando con frecuencia.

Más allá de que sean ciertos o no sus espectrales paseos por la Torre de Londres.

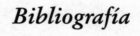

Bibliografía

Anthony, Evelyn, *Ana Bolena*, Buenos Aires: Ediciones Selectas, 1958.

Bel Bravo, María Antonia, *Mujer y cambio social en la Edad Moderna*, Madrid: Encuentro, 2009.

Berglar, Peter, *La hora de Tomás Moro: solo frente al poder*, Madrid: Palabra, 2004.

Castellanos de Zubiría, Susana, *Mujeres perversas de la historia*, Bogotá: Norma, 2008.

Hackett, Francis; *Enrique VIII y sus seis mujeres*, Buenos Aires: Juventud Argentina, 1942.

Ives, Eric W., *The Life and Death of Anne Boleyn*, Nueva York: Blackwell Publishing, 2004.

Lindsey, Karen, *Divorced Beheaded Survived: A Feminist Reinterpretation of the Wives of Henry VIII*, Nueva York: Da Capo Press, 1995.

Mattingly, Garret, *Catalina de Aragón*, Madrid: Palabra, 1998.

Maurois, André, *Historia de Inglaterra*, Barcelona: Ariel, 2007.

Moro, Tomás, *Correspondencia*, Oxford: E. F. Roger, 1947.

Pérez Martín, María Jesús, *María Tudor. La gran reina desconocida*, Madrid: Rialp, 2008.

Roper, William, *La vida de Sir Tomas Moro*, Londres: Dent, 1938.

Sin firma, *La sífilis en la historia*, en www.portalplanetasedna.com.ar

Suhamy, Henri, *Enrique VIII*, Buenos Aires: El Ateneo, 2008.

Warnicke, Retha, *The Rice and Fall of Anne Boleyn: Family Politics at the Court of Henry VIII*, Nueva York: Cambridge University Press, 1990.

Watson, Keith, "Tomas Moro", *Perspectivas: revista trimestral de educación comparada*, París: 1994.

Índice

Ana Bolena, de Cordelia Callás,
fue impreso y terminado en agosto de 2010,
en Encuadernaciones Maguntis,
Iztapalapa, México, D. F. Teléfono: 56 40 90 62.
Realización editorial: Page S. R. L. (page@fibertel.com.ar)
Corrección: María Soledad Gómez
Formación: Victoria Burghi